東京駅の扉

辰野金吾
没後100年に
捧げる31の物語

東京駅フォトグラファー
佐々木直樹

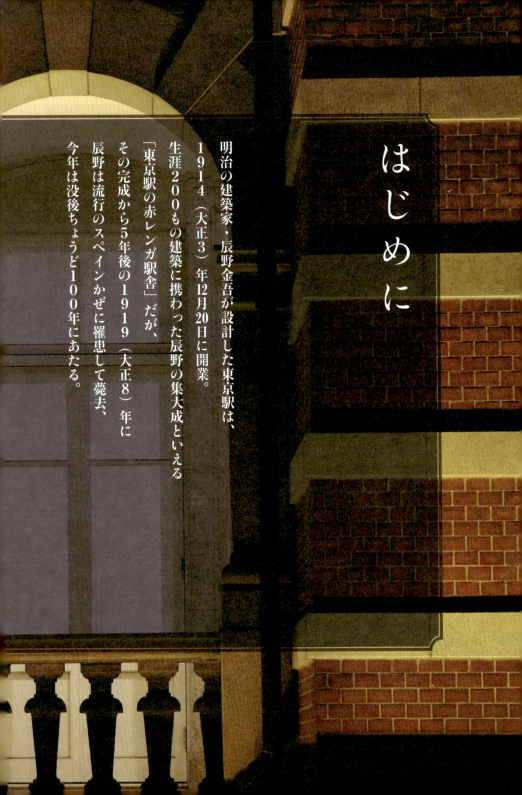

はじめに

明治の建築家・辰野金吾が設計した東京駅は、
１９１４（大正３）年12月20日に開業。
生涯２００もの建築に携わった辰野の集大成といえる
「東京駅の赤レンガ駅舎」だが、
その完成から5年後の１９１９（大正８）年に
辰野は流行のスペインかぜに罹患して薨去、
今年は没後ちょうど１００年にあたる。

東京駅は、１９４５（昭和20）年の東京大空襲で
丸の内駅舎３階部分の屋根の一部が焼失し、
２階建て八角屋根の姿となって60余年。
開業当時の姿に保存・復原する工事が２０１２（平成24）年に完成して、
２０１４（平成26）年12月、開業１００周年を迎えた。
辰野金吾は自身没後の東京駅の変遷も今日の隆盛も知る由はないが、
国の重要文化財である赤レンガの丸の内駅舎は
毎日大勢の人々で賑わっている。
没後１００年を機に、
改めてこの偉大なる東京駅を建てた辰野金吾に想いを馳せ、本書を捧げたい。
さあ、東京駅の扉の奥へ。

東京駅フォトグラファー　佐々木直樹

目次

懐かしの八角屋根
戦後の60年間を繋いだこのスタイルの駅舎なくしては今日の隆盛は語れない

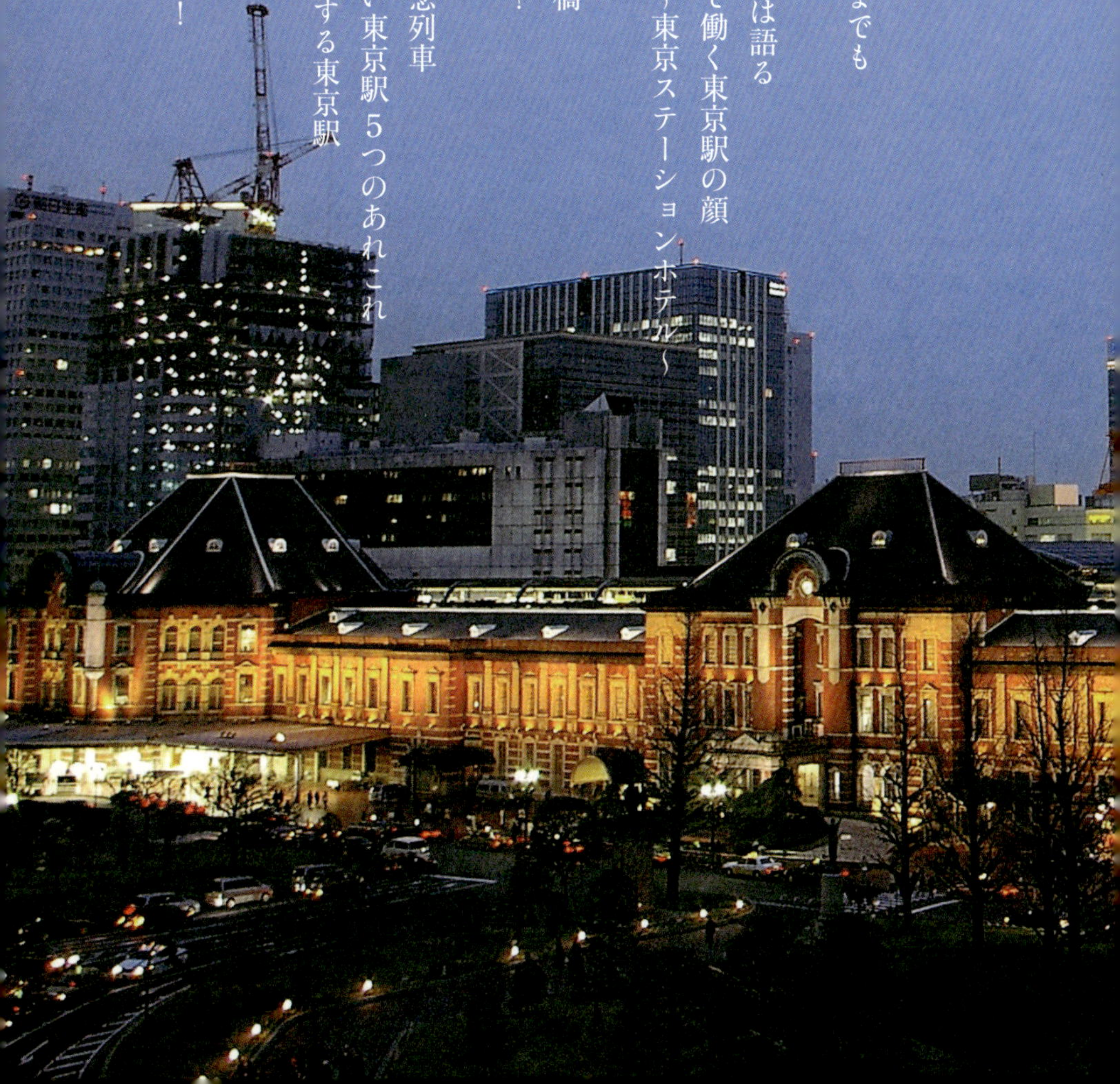

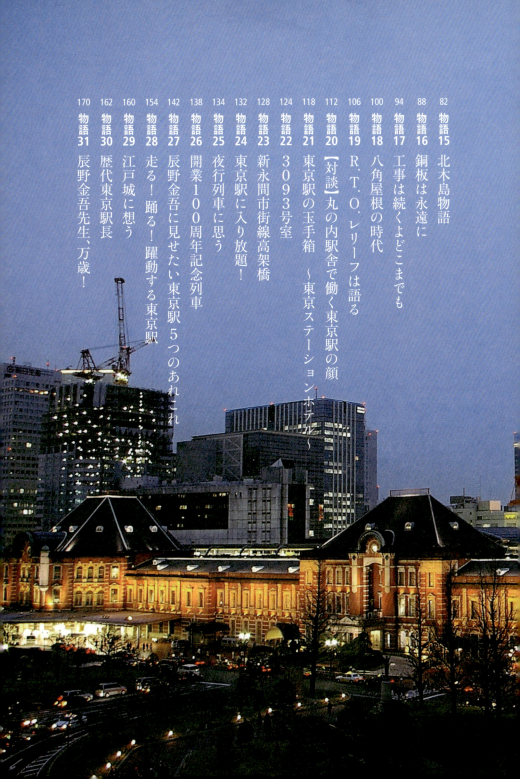

物語1

2019（平成31）年3月25日

1903（明治36）年に「中央停車場」〈1914（大正3）年の開業直前に「東京駅」と改称〉の設計を依頼された辰野金吾。中央停車場の基礎工事が着手されたのは1908（明治41）年3月25日のことだった。それからちょうど111年目の今日、はたして現在の東京駅に「明治の証」を見ることはできるのだろうか？

向かった場所は、山手線外回りと京浜東北線南行の電車が頻繁に発着する東京駅の5・6番線ホーム。東京駅開業時は第二乗降場と呼ばれていたところだ。有楽町寄りの先端、ホーム上の白い鋳鉄製柱にはなんと「明治四十一年 株式會社東京○○」の文字が浮かび上がっている。

実は2014（平成26）年の東京駅開業100周年まではその一世紀もの間、上屋を支え続けてきた現役の柱だったのだ。開業当時の姿をとどめてきた屋根も、長い年月の経過により、傷みが目立つ状態となったため、2015（平成27）年に屋根部分

乗降場跡

明治の証

が建替えられた。ついにお役御免となった鋳鉄製柱であるが、現在はひっそりと一対二本が保存されている。東京駅の歴史を潜り抜けてきた生き証人（証柱か）を眼前に、その「明治」の生々しい文字に「触れる」ことだってできてしまう。

そして、明治の柱からさらに奥へと回り込んでみる。昼なお暗く、今は使われていない低いホームの跡を覗き込むと、電車がかすめていった。

さて、卒業式シーズン真っただ中のこの日、昼下がりの丸の内駅舎前には袴姿の女子大生が三々五々やってきては記念写真に興じていた。今や、すっかり人気

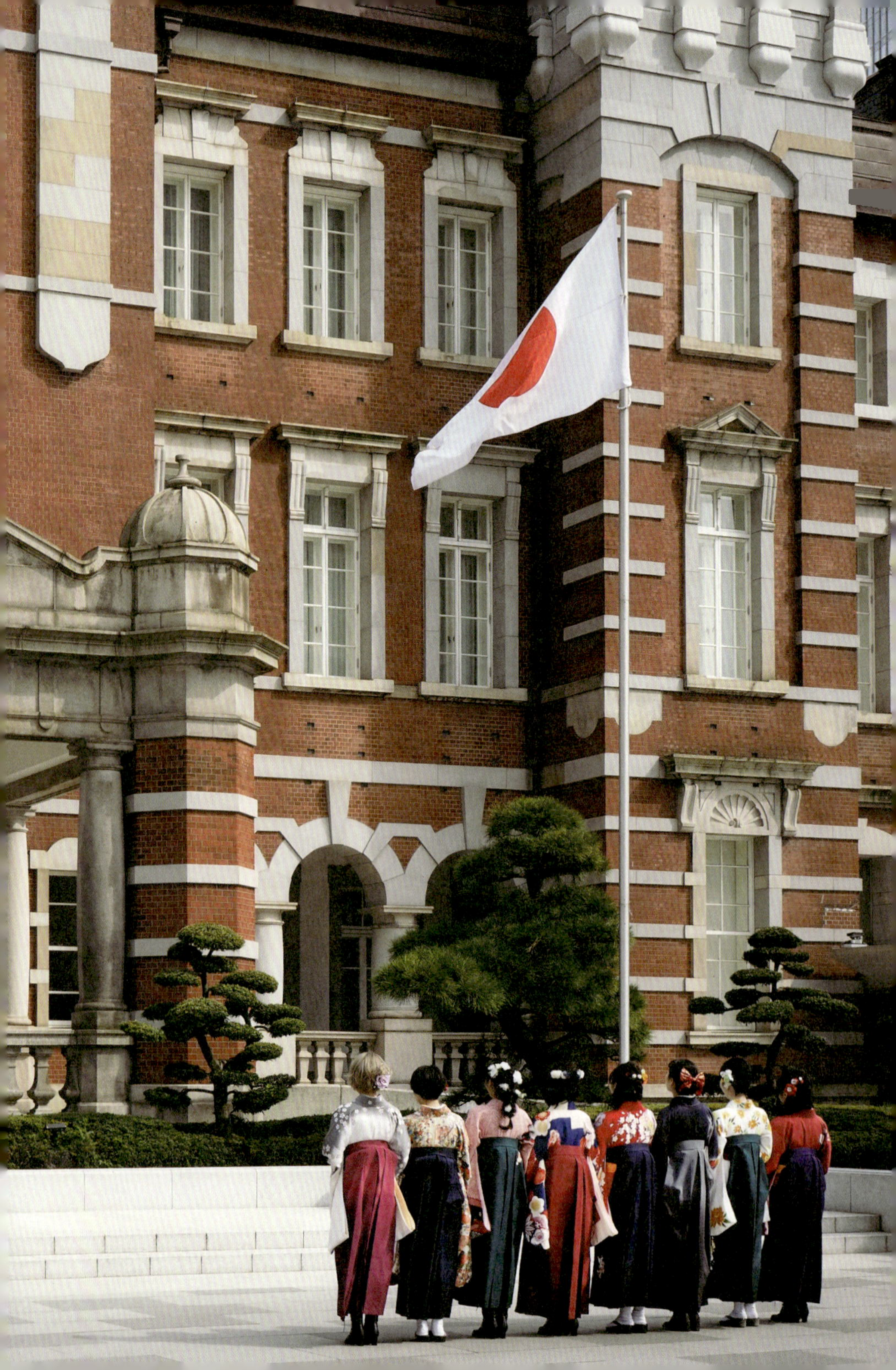

東京駅

の撮影スポットとなったこの駅前広場では赤レンガ駅舎を背景にスマートフォンで、自撮りで、とそれは賑やかなこと。

麗しき袴姿は、私たちが見たことのない明治の幻影か。

刹那、まるで彼女たちは東京駅に、否、辰野金吾に挨拶しているかのように見えた。


天国の辰野先生、万歳してますか？

まさか東京駅が開業時の姿に保存・復原され、さらに開業１００年を迎え、そしてこんなにも皆に愛されることになるとは。こんな建物、こんな駅舎が世の中にほかにあるでしょうか。

私はあまりの嬉しさに、これから花を手向けに先生のお墓に参ります。


3月25日は辰野金吾先生の命日。そして何より今日は没後１００年の特別な命日。

高層ビル群を望む西新宿の古刹、常圓寺に辰野先生は眠っています。

私はいま、ここで没後１００年に寄せる本書の刊行を先生に誓うのでした。

没後100年の命日に

物語2

東京駅丸の内駅前広場完成記念式典

２０１７（平成29）年12月7日、天皇皇后両陛下御臨席のもとに東京駅丸の内駅前広場の完成記念式典は挙行された。

会場は、東京ステーションホテル 鳳凰。

両陛下はこれまで行幸啓でいったいどれほど東京駅をご利用になっていらっしゃることだろうか。目の前にお住まいであるから、このホテルにご宿泊されたことはなく、今回の式典は丸の内駅舎（ホテル内）をご覧いただく絶好の機会となったようだ。

実は、２０１２（平成24）年10月1日に両陛下をお迎えして、東京駅丸の内駅舎保存・復原工事完成の記念式典が駅前で盛大に挙行される予定だった。相当数の招待客で準備万端整えていたところが、前日夜半から10月1日の未明に大型の台風が関東を通過するとの予報。丸の内駅舎前の屋外に張られた2つの特大テントは風に煽られる危険から前日に撤収され、やむなく式典は中止となってしまった。

明けて10月1日は台風一過で、朝から快晴に。赤レンガ駅舎の保存・復原工事完成を伝えるテレビ各局が、朝の情報番組で東京駅前からの青空中継はちょっとむなしかった。

JR東日本としては、この時から積年の思いもあっての「東京駅の記念式典」。行幸通りをはじめとする駅前広場一帯は東京都の敷地も絡むエリアなので、両者が主催となって駅前広場完成の機会での式典開催となった。

さて、式典の模様はオフィシャルの報道に譲るとして、入手した式次第と席次表を見ると、天皇皇后両陛下御臨席、主催者挨拶 小池東京都知事とJR東日本 冨田社長、祝辞 安倍内閣総理大臣の5名が壇上、以下は席次表記載の55名の出席者だ。

(内訳 宮内庁5名、皇宮警察2名、警視庁警衛課4名の席を差し引くと実質わずかに44名。さらに主催者側の東京都が4名、JR東日本が9名なので、本当の(!?)招待客はたったの31名。ちなみに、31名の中でも官公庁関係が20名を占めているので、あとわずか11名の中にJR東海の社長・東京駅長、東京地下鉄社長、鹿島建設社長、三菱地所社長……、そして席次表では唯一肩書が記されていない「辰野智子様」の名前があった）

諸々の事情があろうことは推察されるが、せめてここ数年、直接に現場のトップとして携わっているJR東日本 東京駅の前・前々駅長にはご出席いただきたかった、と私は思うばかりだった。

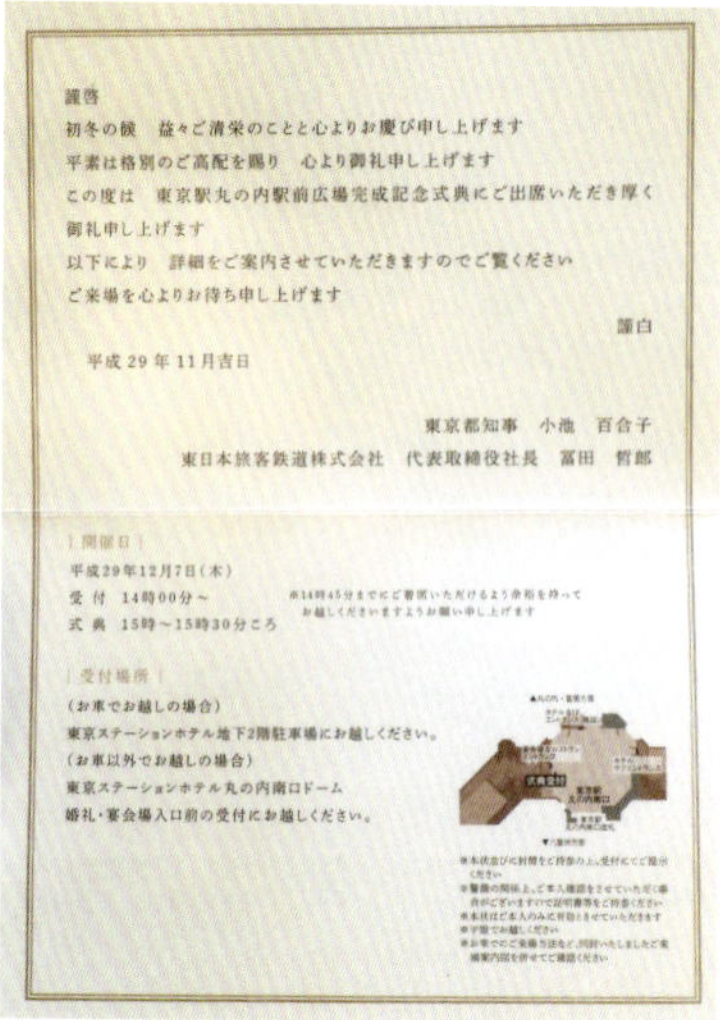
謹啓
初冬の候　益々ご清栄のことと心よりお慶び申し上げます
平素は格別のご高配を賜り　心より御礼申し上げます
この度は　東京駅丸の内駅前広場完成記念式典にご出席いただき厚く
御礼申し上げます
以下により　詳細をご案内させていただきますのでご覧ください
ご来場を心よりお待ち申し上げます

謹白

平成29年11月吉日

東京都知事　小池　百合子
東日本旅客鉄道株式会社　代表取締役社長　冨田　哲郎

【開催日】
平成29年12月7日（木）
受付　14時00分～
式典　15時～15時30分ころ
※14時45分までにご着席いただけるよう余裕を持って
お越しくださいますようお願い申し上げます

【受付場所】
（お車でお越しの場合）
東京ステーションホテル地下2階駐車場にお越しください。
（お車以外でお越しの場合）
東京ステーションホテル丸の内南口ドーム
婚礼・宴会場入口前の受付にお越しください。

式典は15時からの30分間。プレスの報道陣は早々から集合して会場の「鳳凰」にスタンバイの状態であったという。私は、トップシークレットのギリギリのところまでを関係の方々から聴きだした上で、両陛下が皇室用玄関にご到着されてからの動きを推測した。はじめにホテル

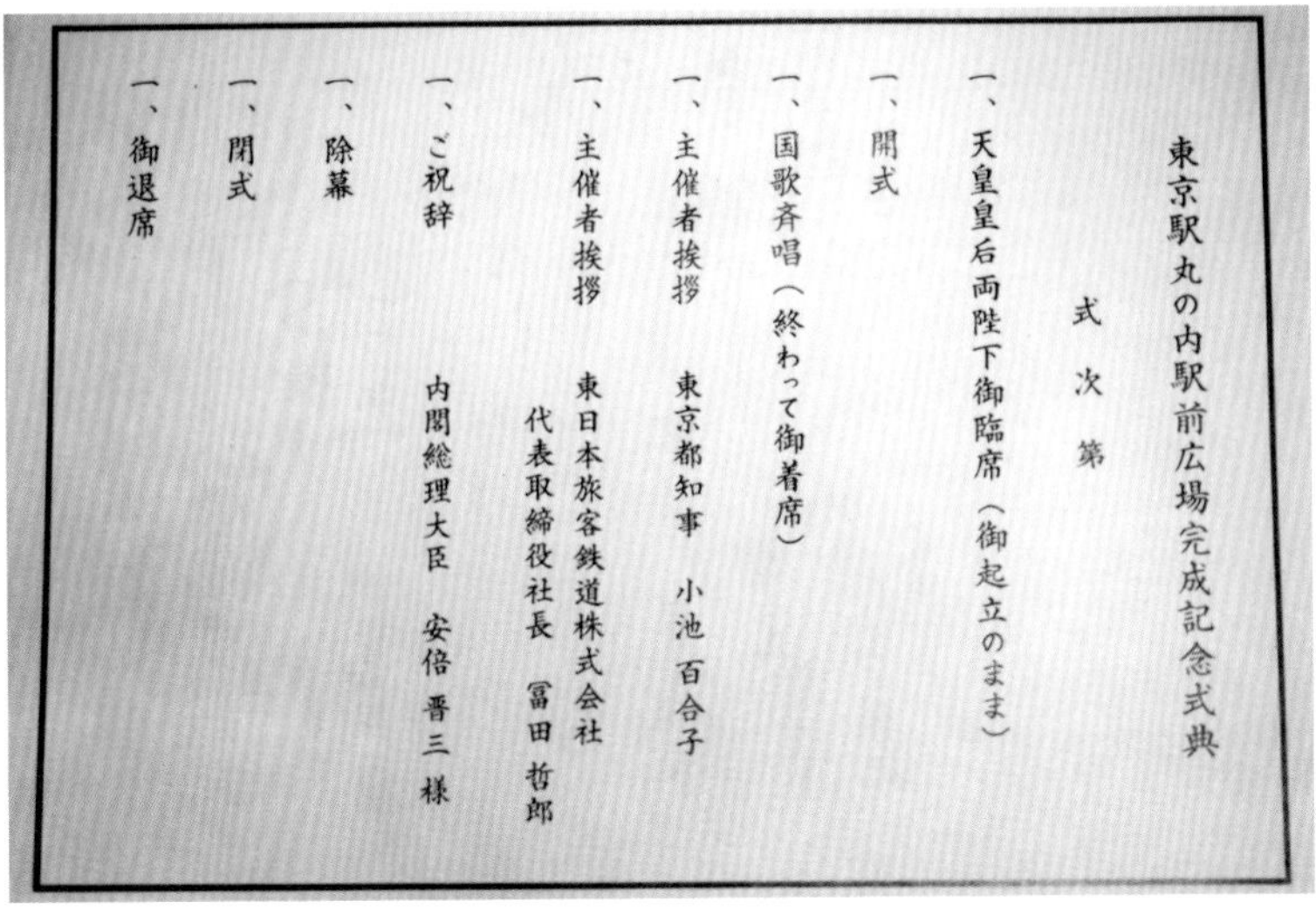

東京駅丸の内駅前広場完成記念式典

式次第

一、天皇皇后両陛下御臨席（御起立のまま）

一、開式

一、国歌斉唱（終わって御着席）

一、主催者挨拶　東京都知事　小池百合子

一、主催者挨拶　東日本旅客鉄道株式会社
代表取締役社長　冨田哲郎

一、ご祝辞　内閣総理大臣　安倍晋三様

一、除幕

一、閉式

一、御退席

客室（インペリアルスイート３０４６号室）をご覧になってから、アーカイブバルコニーでドームのレリーフをご覧になると想定。分単位のご移動までは知る由もなかったが、駅前に到着した御車を眺めている間に両陛下はインペリアルスイートの客室へ。ここでのご案内はＪＲ東日本の冨田社長であった。

駅前広場で両陛下のご到着を迎えた人々は、やがて３階の客室窓から手を振られる両陛下に気づいて歓声を上げ、手を振り返していたが、客室内ではパネルを用意してのご説明もあったそうで両陛下の姿は見え隠れしていた。最後にもう一度、窓からの景色をご覧になるに違いない、と祈るように待っていると……。ついに皇后陛下のお姿を収めたのが14時28分のこの一枚。

赤レンガに囲まれた窓から、いつも行幸でお通りになる道を眼下に、その先のお住まいである皇居を見つめる表情にはすべての想いが込められているように伺えて、もはや言葉にならない。

ちなみに、この３０４６号室。従来「ロイヤルスイート」の名称であったが、お客様からのご指摘もあったとかで、今回の両陛下ご来館に合わせて「インペリアルスイート」に名称を変更したとのこと。参考までにこの部屋、一泊１０９万３千８４０円なり。

さて、ここで余韻に浸る間もなく私は小走りで丸の内南口ドームへ向かった。ここは電車利用の記念式典出席者の受付場所で、東京ステーションホテルのスタッフが待機していた。ホテルは翌日までの２日間、全館クローズのために入ることはできないが、顔なじみのスタッフさんとともに向かいの３階部分のアーカイブバルコニーを見上げながら、その時を待った。

2017年12月7日 14時28分

今ごろはホテルの長い廊下をゆっくりと歩いて向かっておられるはずだ。

そして、今度は日本ホテル株式会社の里見社長が先導。両陛下のお姿がバルコニーの窓に見えた。私のいる1階は普段どおりに改札を出入りする乗客が通るばかりで、目立った警備体制も敷いていないので誰も3階の両陛下に気づくことはなく、かえって私は緊張した。ここでカメラを構えているのは自分だけ。完全なるスクープ！

ガラス越し、金網越し、かなり見上げているので撮影には難しい状況であったが、里見社長が一生懸命に身振り手振りでドームのレリーフについてご説明しているのがよくわかる。

驚いたのは、陛下が自らレリーフに向かって指を差したり、途中でわざわざ眼鏡を取り出してまで熱心にご覧になっていたことである。後日、里見社長に伺うと陛下は「東宮御所（現・迎賓館）と東京駅はどちらが古いのか？」などご質問もされたとか。

ここでは5分以上も滞在されており、ご関心の深さが伺われた。

東京駅、そしてレリーフを両陛下がゆっくりと丁寧にご覧くださったことのあまりの嬉しさに、式典出席を終えたばかりの辰野智子さん（辰野金吾先生の曾孫）に私は駆け寄り、興奮さめやらぬ中、その様子を真っ先にお伝えしたのだった。

2017年12月7日 14時38分

物語3

剣璽動座（けんじどうざ）

皇位の印とされる「三種の神器」＝剣・璽（勾玉）・鏡。その剣と璽は平安時代以降、常に天皇の身辺に置くべきものとされて歴代の天皇が受け継いでおり、御所においては天皇の寝室の隣に神剣と神璽が安置された「剣璽の間」がある。平成から令和へ、5月1日に天皇が譲位される儀式においても国事行為として真っ先に「剣璽等承継の儀」が宮殿正殿・松の間で行われたことは記憶に新しい。ちなみに、三種の神器のうち、神鏡は宮中三殿の賢所の神体であるためにここから動かないという。

さて剣と璽は、戦前は宿泊を伴う地方行幸の際は必ず侍従が携行したが、戦後の全国巡幸から携行は取りやめになった。剣璽動座の伝統が復活したのは、第60回式年遷宮の翌年（1974年）に昭和天皇が伊勢神宮を参拝した時である。以後は伊勢神宮の公式参拝に限って剣と璽は御所から外に持ち出され、上皇陛下においては即位の礼の後（1990年）と式年遷宮の後（1994年と2014年）に剣璽動座が見られ

2014年3月28日

た。２０１４年３月28日の還幸啓では保存・復原工事が完成した丸の内駅舎の皇室用玄関で第23代梅原東京駅長がお出迎えの中、両陛下はにこやかに手を振られ、後ろの侍従はそれぞれ剣と璽を携えているという、素晴らしいシーンを見ることができた。

梅原駅長（当時）に後日話を伺うと、両陛下がご利用になるのは東海道新幹線なのでプレス取材はＪＲ東海を窓口としたため、報道のカメラはすべて新幹線ホーム上の指定された位置になった、という。また、還幸啓では自身は皇室用玄関で待機するため、ＪＲ東海の東京駅長が到着ホームから先導してここまで両陛下をご案内した、とのこと。ＪＲ東日本とＪＲ東海は別会社だけど、駅長同士は親しく連携を取ってやっていますよ、とは嬉しいお言葉。

さて、次の剣璽動座は20年先の式年遷宮（２０３３年）の後には約束されているのだが、このたびの天皇の譲位によって即位の礼（２０１９年10月22日）後に見られることに。と思っていたところ、上皇陛下が天皇として最後に伊勢を参拝された「神宮親謁の儀」で２０１９年４月にも剣璽動座が行われた。しかし丸の内駅舎の皇室用玄関は２０１８年夏頃から１年以上かけて地下工事中で使用できない状態のため、日本橋口を使用しての珍しいシーンが見られた。

2019年4月18日

物語4

美智子さまのお召し物

東京駅丸の内駅前広場完成記念式典（2017年12月7日）と剣璽動座（2014年3月28日）、両者に相関関係はないが、写真を見ていて驚いた。なんと、皇后美智子さまのお召し物が同じではないか！お揃いの帽子とともに、とてもおしゃれなデザイン。まるで、東京駅の赤レンガを意識して合わせたかのようにさえお見受けする素敵な柄である。ご本人もお気に入りなのかしらん。

数多のお出かけの中で、東京駅における最高のシーンでの「決めファッション」かと、まことに失礼ながら私は勝手に思っている。

こちらの写真は、東京駅丸の内駅前広場完成記念式典が終わって皇居へ戻られるところ。

いつもは駅舎中央の皇室用玄関にある御車寄せから行幸通りでお帰りになるが、この時は東京ステーションホテル1階の式典会場「鳳凰」から地下2階のホテル専用駐車場で御車にお乗りになり、丸の内南口の地上に出られての還幸啓となった。
東京中央郵便局前から丸の内駅舎を背景にして進む御料車は、大変珍しい。ゆっくりと走る御車から沿道に集まった人々に手を振られる美智子さまがひときわ印象的だった。

物語5

新時代、令和

２０１９年５月１日、令和の時代が幕を開けた。両陛下即位後初の地方訪問は６月１日で、全国植樹祭ご出席のため名古屋に行幸啓された。丸の内駅舎の皇室用玄関は前年の夏から地下通路が工事中のため使用できず、両陛下の御車がＪＲ東海の日本橋口通路向かいの扉に横付けして降車され、自動改札横を通って進まれた。

写真は、左にＪＲ東海の駅助役が見守る中、東海道新幹線のホーム上までＪＲ東日本の小池東京駅長が先頭を、続いてＪＲ東日本の深澤社長が両陛下を先導する形で進まれるという、珍しい光景。

17番線ホームではJR東海の佐津川東京駅長をはじめ、JR東海の職員が待機。また三権の長として大島衆議院議長のお見送りで両陛下は即位後初の臨時専用列車（お召9081A）にご乗車された。官報では、皇后陛下のご体調に支障がなければ、天皇皇后両陛下の行幸啓となる旨が記されていたが、颯爽とお歩きになり、笑顔でお手を振られる皇后雅子さまは素敵だった。

また、8月1日には天皇陛下ご一家が即位後初めてのご静養

で下田市の須崎御用邸へ。在来線で即位後初のお召列車となった。

今回、皇室用玄関からは丸の内駅舎1階のエキュート東京の横通路を通って、丸の内北口改札内を横切り、業務用通路からエレベータでホームへ。お帰りは5日の臨お召9002Mで東京駅は17時30分のご到着。改札内の通路や皇室用玄関周りは天皇ご一家をひと目見ようとたくさんの人だかりであったが、9番線ホームではご一家のにこやかな表情を間近に見ることができた。

お帰りには貴賓室「松の間」で

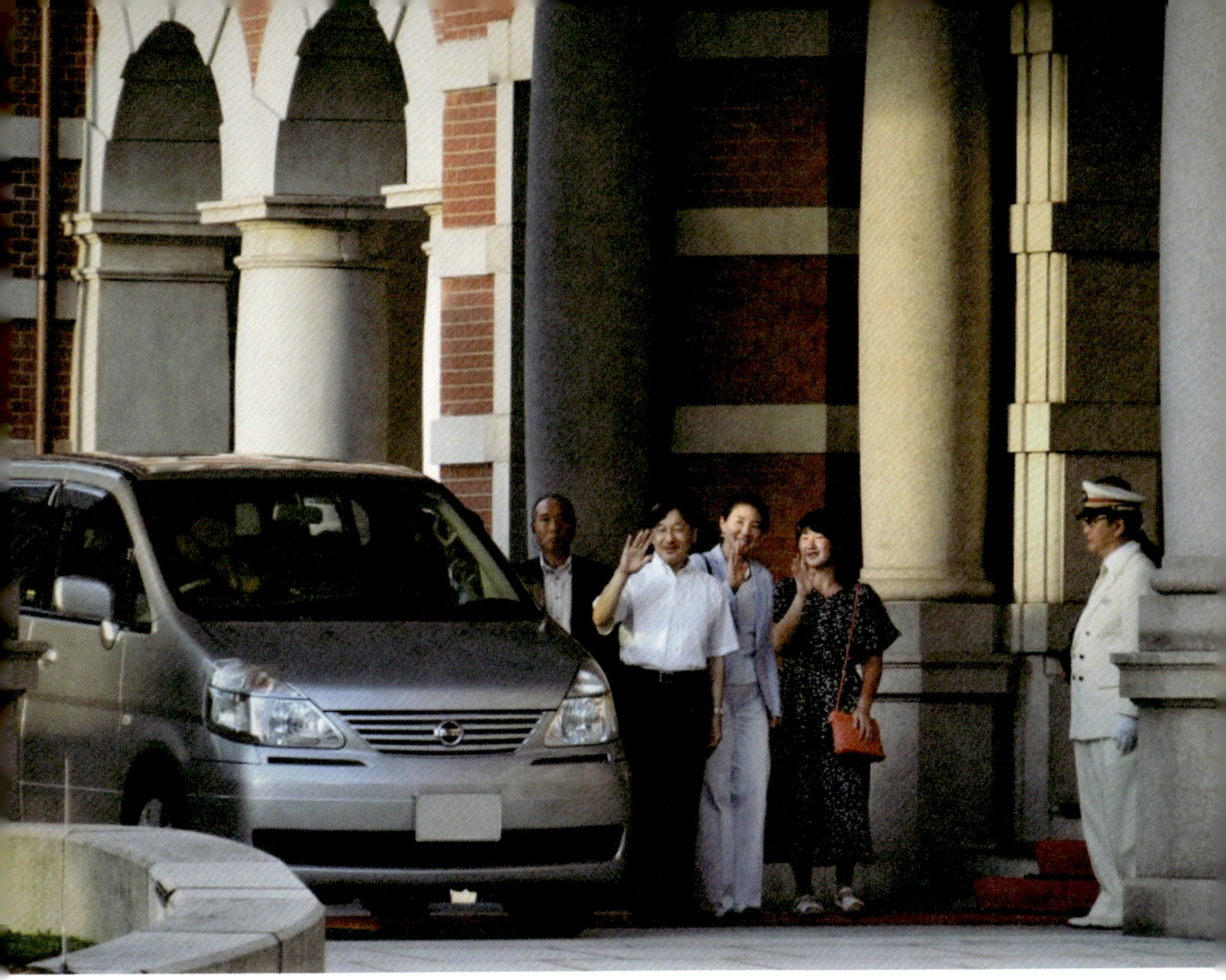

ひと休みされたご様子で、今回はJR東日本の前川常務がご案内を務められた。

皇室用玄関は、天皇皇后両陛下と皇太子ご一家（だけ）がご利用できる、と平成の時代に伺ったことがある。令和となってこの時、天皇ご一家として初めて皇室用玄関と松の間をご使用になられたことになる。

また、皇太子という存在がいない現在は、天皇ご一家だけがご利用できる玄関ということになるのだろうか。

物語6

始まりは原っぱだった

１９１４（大正３）年に開業した東京駅。今年開業１０５周年を迎えるが、鉄道の駅としてみると東京駅は意外と後発だ。日本最初の鉄道は１８７２（明治５）年に新橋〜横浜間が開業し、上野駅（１８８３・明治16年）、新宿駅（１８８５・明治18年）、渋谷駅（１８８５・明治18年）、池袋駅（１９０３・明治36年）、御茶ノ水駅（１９０４・明治37年）と、明治時代には周辺の駅、鉄道が次々と開業し、路線を伸ばしていた。

東海道本線は１８８９（明治22）年に新橋〜神戸間が全通、日本鉄道（日本初の私鉄）による東北本線も１８９１（明治24）年に上野〜青森間が全通している。

こうした中で、１８９６（明治29）年に新橋から高架線を計画し、中央停車場（＝東京駅）を建設することが帝国議会で可決されたという。

ちなみに、建設中はずっと「中央停車場」の名前で工事が進められていたが、開業の直前に「東京駅」と命名された。

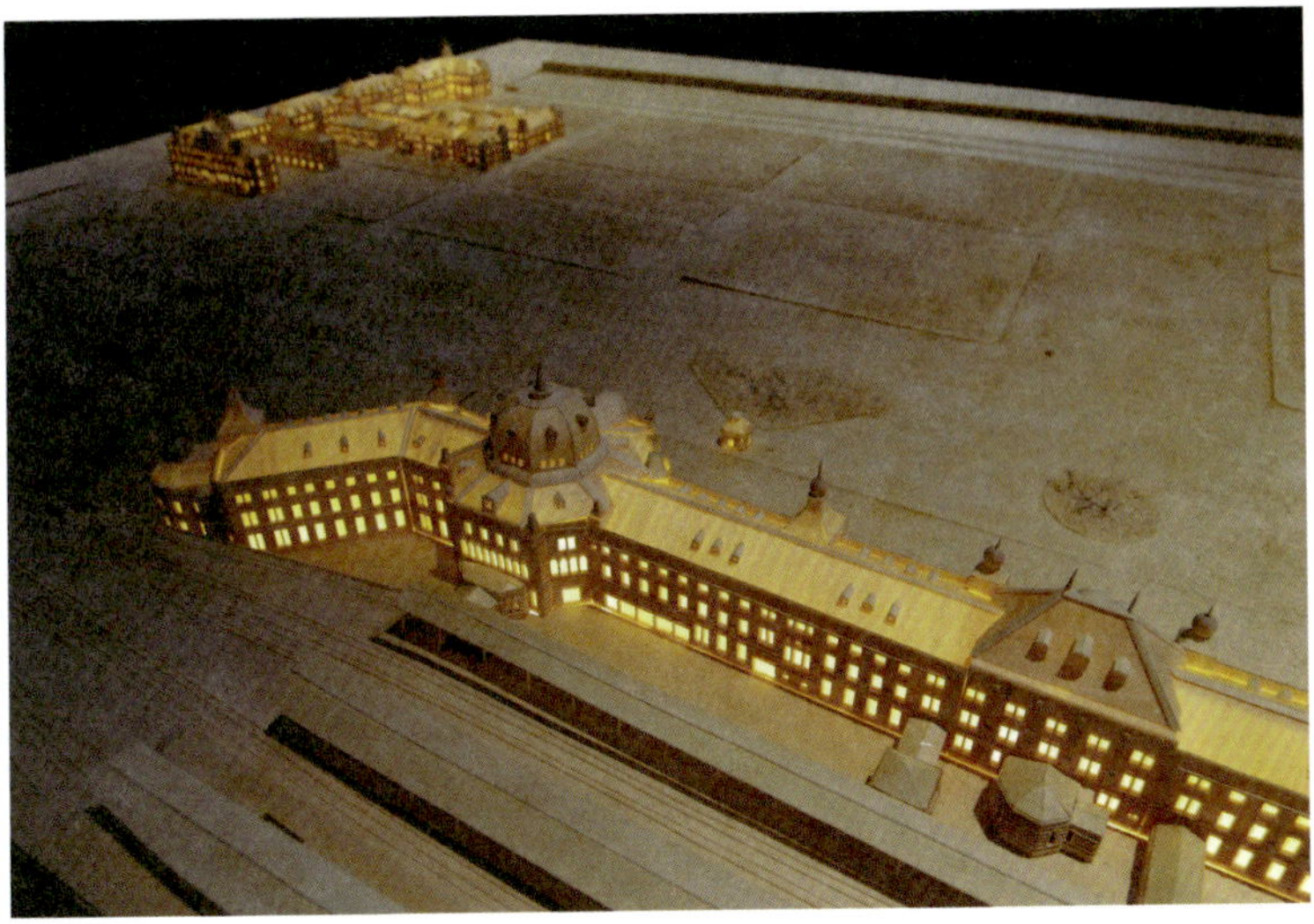

1914年の丸の内（ジオラマ）

では、東京駅の開業当時の周辺の様子はどんなだったのだろう。

東京ステーションギャラリー３階のドーム回廊に興味深いジオラマが展示されている。１９１４年、１９６４年、２０１４年と50年ごとに東京駅丸の内駅舎と駅前周辺を立体で表現したもので、ここでは１９１４年のジオラマから当時を想像してみたい。

写真は丸の内駅舎をホーム側から俯瞰して見たところであるが、駅前広場は広大な空き地でがらんとしている。

江戸時代、この一帯は大名屋敷として栄えていた。しかし明治維新後に大名屋敷は取り壊されて草が生い茂る一面の原っぱだった。
三菱社2代目社長の岩崎彌之助が、一帯を日本の一大オフィス街にしようと189
0（明治23）年に国の払い下げを受け、当時破格の高値でこの原っぱ10万坪を買い取
った。「なあに、竹を植えて、虎でも飼うさ」と、三菱が原のことを彌之助は笑って
答えたという。
1894（明治27）年に丸の内最初のオフィスビルとして三菱一号館が竣工され、
これがジオラマの写真で左上に見える角の建物である。
三菱一号館は辰野金吾の師匠であるジョサイア・コンドルが設計。現場主任は、辰

三菱が原の印象

野と同じ唐津出身で一緒に学んだ曾禰達蔵《そねたつぞう》だった。三菱はここに赤煉瓦街を形成して一丁倫敦として発展していったのだ。辰野の仕事場（辰野・葛西事務所）も、中央停車場建設の頃はちょうどこの辺りの三菱九号館にあったという。

また、模型では当時の丸の内駅舎の形が読み取れて面白い。駅舎中央の屋根下（写真では右下）の一階、手前に飛び出して見える部分は帝室用休憩所「便殿」（現在の貴賓室「松の間」。今は中央線の高架ホーム屋根に覆われている）、丸型ドーム屋根の右斜め駅前にポツンと小さく見える建物は「東京驛警備巡査派出所」（現在は愛知県の明治村に移転保存されている）だ。

ちなみに私の「三菱が原の印象」は２０１３（平成25）年5月に撮影したツツジが咲き誇る、前ページの一枚。

背景のビルと換気用の円筒を除くと一面の「原っぱ感」に溢れていたが、今は駅前広場が整備されて群生する様は見られなくなってしまった。

実は現在、この場所には鉄道の父・井上勝の銅像が立っている。鉄道の黎明期に活躍した人物であるが、この井上勝（鉄道庁長官）と先の岩崎彌之助（三菱社社長）、小野義眞（日本鉄道会社副社長）が共同創始者となって3人の頭文字をとって、1891（明治24）年に小岩井農場が岩手で創業された（1891年はこの項目の冒頭に記したように、日本鉄道が東北本線を全通させた年）。

なんという、鉄道と東京駅の繋がりなのだろうか。

そして、かつて三菱が原だったこの場所に建てられた丸ビル（三菱地所が管理）から、眼下に井上勝の銅像が立つ広場と東京駅、さらに丸の内駅舎の左奥に望む東北新幹線。この絶景を眺め、3人の偉人に思いを馳せながら食事を楽しめるのが丸ビル5階の「小岩井農場TOKYO」。

ちょっと出来すぎなストーリー。だけど、私にとっては大発見!!

物語7

「鹿」を見つけた！

東京駅には「鹿」がいる。
皆さんは見たことがあるだろうか？
駅のど真ん中にいるのだが、天然記念物級に見つけることが難しい「鹿」だ。

ど真ん中、といえば皇室用玄関。ここには、天皇皇后両陛下用の「松の間」、皇族や外国の大使も利用される「竹の間」、大テーブルで会議も行われる「梅の間」の3つの貴賓室がある。赤絨毯が敷かれる貴賓通路とホールでつながっているが、非公開の場所。

実はこのホール、部屋ではないのだが「鹿の間」とも呼ばれていて、本書のタイトルでもある扉を開いてさらに内側の大きな両開きの扉が開けられた時、その正面奥に「鹿」が見えるのである。

見つけるチャンスはただ一つ。ズバリ、皇室用玄関が使われるときである。

両陛下の行幸啓や、外国の大使が日本に着任した時の信任状捧呈式の際なのだが、開いているのはごく短い時間で、その時は駅前広場に通行の制限もかけられてしまう。

規制が解かれて赤絨毯を仕舞うわずかなタイミングに広場の正面へ向かい、背伸びをして奥を凝視すると……。

大体見つけたころには扉は閉ざされてしまい、何事もなかったかのようにいつもの東京駅に戻るのだ。

物語8

「熊さん」を探せ！

赤レンガの丸の内駅舎。誰もが知っている東京駅の姿だが、実は外観の赤レンガは正確には「化粧レンガ」という。創建時は品川白煉瓦株式会社の製造で、プレス成型によって平滑で緻密、角が鋭利に造られていて、一枚ずつを見るとまるでタイルのようである。

それもそのはず、躯体となるレンガの壁を装飾するために、その上に張り付けた薄いレンガを「化粧レンガ」と呼んでいたが、後に普及した鉄筋コンクリート造の建築躯体に張り付ける「タイル」と製法や用途が同じことから、１９２２（大正11）年には「タイル」という呼称に統一されたという。

なんと！では、「赤タイルの丸の内駅舎」か……なんかしっくりこないな。

創建当時は約85万個が使用されたと記録されているが、今回の駅舎復原工事では新たな３階部分に、常滑市の株式会社アカイタイルが協力してＩＮＡＸが納入した約40

万個の化粧レンガが採用されている。

では丸の内駅舎の躯体は？

東京駅は鉄骨レンガ造なのである。鉄骨は外からほとんど見えないのでわかりにくいかもしれないが、東京ステーションギャラリーに入ると、階段や天井に見ることができる。

そして、躯体のレンガ。これが「構造レンガ」で、日本煉瓦製造株式会社製。創建時は約752万個が使用されたそうで、ざっと化粧レンガの9倍もの数だ。

化粧レンガの裏

こちらは、丸の内南口2階の東京ステーションホテルＢａｒ Ｏａｋや、ＴＯＲＡＹＡ ＴＯＫＹＯでも見ることができる。国の重要文化財の中でレンガに包まれてのひとときは格別だ。

東京ステーションギャラリーでは、「レンガ・タッチ＆トーク」として構造レンガや躯体の鉄骨、空襲で焼けた木レンガなども間近に見ながら館内たてもの解説を聞くことができる。

前置きが長くなったが、この構造用レンガの壁にはたくさんのキズがついていて、白っぽくなっているものがある。このキズは戦後の改修工事の際、モルタルを塗りやすくするためにつけられたもので、白っぽいのは創建時に塗られた漆喰の跡である。

そこで、「熊さん」登場!!

写真のレンガで（左に90度回転して）読み取れる、「熊さん江」の文字。

駅舎の保存・復原工事で漆喰を剥がして出現したそうだが、それはまさしく100余年前の建設工事で当時の職人さんが書いたであろう「落書き」だ。まさか落語の八っつあん熊さんの〝熊さん〟のことだろうか。それとも熊さんという実在の人物だろうか。

ちなみに、落語の熊さんとは熊五郎の愛称。そそっかしくて喧嘩っぱやい江戸っ子で長屋住まいの腕利きの職人、という設定だとか。ん、職人つながりか？

そして、さらにレンガをよく見ると、「熊さん江」の文字の右上には、熨斗の「のし」のように見える文字が。

さあ、熊さんへこのレンガを贈りたかったのか。はてさて字の練習をしただけなのか。まさかここで辰野金吾が関与したとして、思い浮かぶのは辰野と共に建築を学んだ片山東熊（東宮御所を設計）への「熊さん」??……なわけないか。と想像が膨らむ、この「熊さん江」のレンガ。

東京ステーションギャラリーで、一般に見られるところにひっそりと隠れているのだが、さて皆さんは見つけられるだろうか。

左に90度回して見よう

物語9

「馬」がやってくる

鹿、熊と続いて、今度は馬だ。こちらは本物。東京駅には馬がやってくる。

２０１７（平成29）年12月１日、駅前広場の工事が完成した東京駅になんと10年ぶりに馬車が現れた。信任状捧呈式（新任の外国の特命全権大使が天皇陛下に信任状を捧呈する儀式）の模擬練習である。

２００７（平成19）年以降は明治生命館で発着していた馬車が、本来の東京駅に戻ってきたのだ。

直前に規制が敷かれ、瞬間静まり返る行幸通り。蹄の音が丸の内のオフィス街に響き渡る。夢にまで見た、赤レンガ駅舎を背景にした馬車列。

本番を前に滞りなく試走は終わったが、後にはちょっと臭う跡が……。

その後、12月７日に両陛下をお迎えしての東京駅丸の内駅前広場完成記念式典が終わり、さっそく11日には本番のベナン国とエジプト国の信任状捧呈式が行われた。

日本の馬車の歴史は、1869（明治2）年に東京～横浜間で乗合馬車が開業したことに始まる。これは、新橋～横浜間鉄道開業の3年前。

そして、皇室の馬車導入は1871（明治4）年で、現在、皇室の重要な儀式に使用される「儀装馬車」は、1号から4号までの4車種で計21両があるという。

皇族が乗られる儀装馬

車は儀式が皇居内などに限られていて見る機会はないが、儀装馬車4号を使用した信任状捧呈式は、ほぼ毎月のように行われている。

東京駅では、大使は事前に公用車で駅に到着して「竹の間」で待機。皇居から差し回しの馬車が御車寄せに到着すると、皇室用玄関から乗車されて東京駅長によるお見送りのもと、皇居宮殿に向かわれる。

馬車列の運行予定はおおむね事前に宮内庁のホームページで告知され、午前中に2か国を実施するケースが多いので、式の日は東京駅では計4往復の馬車を見ることができる。

物語10

曾孫・辰野智子さんに訊く

辰野金吾の曾孫であり、建築家として活躍している辰野智子さんとは、多児貞子さん（赤レンガの東京駅を愛する市民の会）を介して知り合い、これまでにいろいろな話を伺ってきたが、あらためて東京ステーションホテルの3093号室で雑談をしながら曾祖父のことを尋ねた。

佐々木　没後100年ということで、改めてその業績を振り返る機会があると思いますが、いかがでしょうか。

智子　やはり曾祖父が建てたものが残っているというのは幸せなことだと思っています。辰野金吾の息子、私の祖父になる辰野隆（ゆたか）はフランス文学を日本に紹介した最初の人で、ファンもたくさんいるのですが、現代口語調のわかりやすい新訳本などが出たりすると忘れられていくんです。辰野金吾は、一時はまったく評価されず、効率化や機能性という名の下、この東京駅でさえ取り壊しの話があったんです。それなので時代の流れで忘れ去られるのかと思っていたら、明治期に建てられた建築も希少となり、歴史の再発見という保存の機運も起こり、見直されています。そして耐震工事をして後世に残るようにしていただき、さらには没後100年を祝うことができるのはうれしいですね。

佐々木　辰野家では智子さんまで建築家がいなかったんですよね。

智子　金吾は自分の子どもに「建築家にはなるな、官吏になれ」と言っていたそうです。建築家に使われる立場ではなく、発注側になれということですよね。祖父はそれを半分守ってなのか、フランス文学者となり、東京帝国大学の教授になって後進を育てました。私の祖母は、父に「建築家はどうか？」と言っていたようですが、父は、自分はできないから娘に……ってことで、私に同じことをささやいたんです。私が建築の勉強をするようになってから曾祖父が「建築家にはなるな」と言っていたことがわかり、びっくりしましたけどね。

佐々木　私も東京駅フォトグラファーと名乗ってから、東京駅のことは何でも調べたり、直接眼にしたりしてきました。東京駅に触れれば触れるほど辰野金吾という人物の偉大さがわかり、辰野式建築の魅力に気づくようになりました。細部を見ていくと興味深くて、丸の内駅舎皇室用玄関の門扉には軍配団扇をあしらってありますね。

智子　金吾は相撲が好きだったようですが、その息子の隆は横綱審議委員だったことがありました。私が生まれた頃の話ですが、横綱になったばかりの朝潮が挨拶に来て、私を抱いて写真を撮ってもらったことがあるくらいです。金吾が学んだイギリスの作法だと、レリーフを入れたり、柱頭になにかをあしらったりというものがありますが、そこに十二支や豊臣秀吉の兜を入れたりと遊び心があったんだと思います。西欧のデザイン作法の中に日本の伝統を組み入れたのは日本人としての矜持だったと思います。

佐々木　それが100年後にもこれだけ話題になるんですから驚きですね。もうひとつお伺いしたいのは、グランスタ丸の内の柱のマークです。あの門扉を使ったデザインとなっています。

智子　数年前にあのデザインを使わせてくださいという話がありました。私は別に辰野金吾の事務所を継承しているわけではないし、許可を出すような立場でもないと思っていたのですが、辰野家で建築をやっている人は私しかいないので、こうやって連絡が来るんだろうなと思っています。いまこうしてあらためてその業績を評価してくださるようになったので、資料が散逸しないようにはしています。

佐々木　辰野金吾が明治時代に設計し、大正時代の1914年に開業。戦後、昭和の八角屋根の時代を長く過ごし、平成になると創建当初の姿に復原。あらたに令和の時代を迎えて、東京駅はますます存在感を高めているように思います。そうしたらなんと一万円札に東京駅が用いられるというニュースが駆け巡り、私は本当にうれしくなりました。あれは事前に連絡があったんですか？

智子　なかったですね、報道で聞いてびっくりしました。金吾の生まれ故郷である唐津の人たちはものすごく喜んでいましたね。

佐々木　一万円札の裏面に

グランスタ丸の内の柱に描かれたマーク

東京駅があしらわれていますが、ここにもドラマがあって、一万円札の肖像は渋沢栄一さんです。

智子　渋沢さんは金吾にとっての大パトロンでした。当時は建築家にギャランティーを払うという感覚がなく、お金を出してもいいよという人が出てこないとやっていかれなかった。その一番のパトロンだった渋沢さんと辰野金吾が作った東京駅が一枚のお札になるなんて国立印刷局の見識に敬意を表したいです。

佐々木　しかもお札って日本銀行券ですが、辰野金吾は日本銀行も設計しているわけですから、あわせて考えるとすごい組み合わせですよね。没後１００年を過ぎてもなおこうして語り継がれるものを作るというのは建築家としては最高ですよね。

智子　私が子どものころから考えると、だいぶ取り壊されたものもありますが、明治期の建築家としては残っているほうですし、古いものを大切にして残していこうという風潮になったり、市民の側で盛り上げて観光に利用しようというのはすごくうれしいですね。反面、修復に費用がかかったりもしてしまうので心苦しい感じはしますが、結局はその土地のランドマークとなっています。かつては東京駅を高層化しようという話があったようですが、残してくれてありがとうと心から言いたいですね。

東京駅丸の内駅前広場完成記念
式典の記念品は金箔のお皿

辰野智子（たつの・ともこ）1961年、東京生まれ。84年、東京理科大学理工学部建築学科卒業。卒業設計優秀賞・学業成績優秀賞受賞。86年、東京理科大学大学院修士課程修了。同年、株式会社横河設計工房勤務。89年、日本環境構造センター勤務。90年、一級建築士事務所 武山智子建築設計室設立。96年、辰野武山建築設計事務所設立。02年、有限会社辰野武山建築設計事務所に改組、取締役。

物語11

辰野金吾の故郷で

辰野金吾は1854（嘉永7）年、唐津城下の裏坊主町で下級武士の家に生まれた。生誕地跡は現在駐車場となり、うっかりすると見過ごしてしまいそうな小さな石碑が建っている。

1868（明治元）年に叔父・辰野宗安の養子となって、辰野姓を名乗ることになった金吾。唐津藩が東京から高橋是清（後に、第7代日本銀行総裁、第20代内閣総理大臣。ちなみに直前の第19代は東京駅で暗殺された原敬）を教師に招聘して開校された「耐恒寮」で、同郷の曾禰達蔵（辰野の生涯に渡っての友・建築家）たちと英語を学ぶが、閉校となった1872（明治5）年の秋、2人は高橋の帰京に続き上京した。

この時、辰野は19歳、時まさに日本初の鉄道が新橋〜横浜間に開業した年だった。10代で唐津を後にした辰野は、その後どれほど故郷に帰ったのだろうか。

私は、辰野金吾の郷土愛を丸の内駅舎ドームのレリーフ装飾に見つける。

1905（明治38）年、日露戦争に勝利した日本。国からは中央停車場にかける予算も増額され（ここで辰野は万歳を叫んだという）、広く国外には「日本の強さ」をアピールする必要があった。ドーム内8つ（両方のドームでは16）の半円を描くアーチの最上部に「豊臣秀吉の兜（馬藺後立付兜）」をモチーフにしたキーストーンがあるが、辰野にとっては秀吉がまさしく「強さの象徴」だったことと思われる。

理由はこうだ。

故郷唐津には、かつて秀吉が朝鮮征伐の出兵拠点として築城した名護屋城があった。

当時、なんと全国から20万もの人々が集結して城下町を形成、秀吉も1年2か月滞在した。能舞台や茶室の跡も見つかっており、その間はここが日本の政治経済の中心であったという。「野も山も空いたところがない」といわれた肥前名護屋の賑わいは如何ばかりだったか。

若き日の辰野も、この天守台跡に登っ

名護屋城天守臺址

てはるか朝鮮の方角を眺め、野心に燃えたのではないだろうか、と思えてならないのである。

さて、佐賀には辰野関連の建物として、武雄温泉新館・楼門と旧唐津銀行がある。武雄温泉楼門には、十二支のうち丸の内駅舎ドームの干支のレリーフ（8つ）にはない4つの干支があるとして話題になったが、これは辰野の意図によるものだろうか。旧唐津銀行は辰野監修のもと、1912（明治45）年に弟子の田中実が設計した建物だが、創建当時の姿に復原して内部を一般公開している。今年3月25日には、辰野金吾没後100年を記念して別称「辰野金吾記念館」の名が与えられ、辰野金吾と曾禰達蔵2人の銅像も建てられた。

これは肥前さが幕末維新博覧会で、すでに2018（平成30）年3月から佐賀市内に建てられていた等身大のモニュメントだが、佐賀市内の像が好評だったために同じ型で2体をさらに作って唐津市に寄贈されたものである。

辰野金吾記念館の銅像の真向かいには、唐津名物の大原老舗 大原松露饅頭本店がある。まん丸でまろやかな味の饅頭をいただくと、その栞に創業嘉永三年、とあった。

佐賀市内の像。左が曾禰達蔵、
右が辰野金吾

ん？ 嘉永とは……辰野は嘉永七年、曾禰は嘉永五年の生まれではないか。

このふたりもきっと松露饅頭を食べたのだろうか、と思うとなんだかとても愛おしくなってきた。

物語12

東京駅は5姉妹で3兄弟⁉

東京駅は男性か女性か？って。姉妹が5人、兄弟が3人で（笑）。姉妹駅は、オランダのアムステルダム中央駅（1889年開業、2006年姉妹駅締結）、ニューヨーク・グランドセントラル駅（1871年開業、2013年姉妹駅締結）、台湾の新竹駅（1893年開業、2015年姉妹駅締結）、そしてドイツのフランクフルト中央駅（1888年開業、2015年姉妹駅締結）の4つである。東京駅を入れて5姉妹か。

東京駅と姉妹駅の、台湾にある新竹駅

いずれの駅も100年を超える歴史（ちなみに東京駅は1914年の開業なので、末っ子）があって、存在感のある駅舎ばかりである。

なかでも新竹駅の現駅舎は日本人建築家の松ヶ崎萬長（まつがさきつむなが）が、日本統治時代の台湾総督府鉄道局に勤務していた時に設計されて1913年に完成している。

そして遡ること1886年に、「造家学会」（「ぞうか」と読む。当時はまだ「建築」という言葉が一般的ではなかった）を創立した委員4名の中になんと辰野金吾、松ヶ崎萬長のふたりがいたのだ。

余談だが「造家学会」の創立会員は26名で、そのトップを務めたのが辰野金吾。創立133年を経た現在の「日本建築学会」はなんと会員3万6千名余という。

さて、新竹駅は東京駅と同様に線路が駅舎と平行している「通過型」の駅だが、各方面に路線が発着するような中央駅ではなく（支線が一本分岐しているだけ）、また都市の規模や知名度が他の4駅に比べて低い。2015（平成27）年に姉妹駅の締結に新竹駅、フランクフルト中央駅を訪れた江藤東京駅長（当時）は、後日「新竹駅は、ちょっとねぇ？（笑）」と。

　では、さらにここだけのウラ話を。私が紹介し、同席をさせていただいて2017（平成29）年に江藤東京駅長と深谷市の担当職員（小島深谷市長の名代）が、深谷駅との姉妹駅についての打診で面会をした。

　担当職員さん曰く「東京駅のレンガは深谷産で、深谷生まれの渋沢栄一がその煉瓦会社を設立した。現在もレンガを焼いた窯や歴史を見学することができるし、市内を巡ると渋沢の生家や偉業にも触れることができる。近年、富岡製糸場（群馬県）が世界遺産に認定されて脚光を浴びているが、埼玉県を通過するばかりではなく、深谷を皆さんにより知っていただいて観光に結び付けたい」というような趣旨であった。

江藤駅長は前職がJR東日本の高崎支社長だったので（なんと小島深谷市長とも以前、名刺交換されていた）深谷については十分に承知されていたが、「姉妹駅」といっても同じJR東日本同士であること、また東京駅からもわずか80キロほどしか離れていない、ということからこの話は見送られてしまった。

その後、江藤駅長は異動され、私も紹介した手前残念ではあったのが、今春突然に降って沸いた新1万円札フィーバー。姉妹駅締結はなくとも、深谷は一躍有名になった。

さて、続いては3兄弟。「だんご」ではなく、「じゅうぶん」3兄弟である。駅舎で「国の重要文化財」の指定を受けているのは「東京駅」「門司港駅」「大社駅」の3つだけだ。

「東京駅」1914年開業（現駅舎1914年竣工）2003年国の重要文化財 指定

「門司港駅」 1891年開業 （現駅舎1914年竣工） 1988年 国の重要文化財 指定

「大社駅」1912年開業（現駅舎1924年竣工）2004年国の重要文化財 指定

長兄は１８９１年に門司駅として開業した「門司港駅」。そして現在の駅舎は１９１４年に竣工しているので、東京駅丸の内駅舎とは双子でともに御年１０５歳だ。

１９４２年に関門トンネルが開通して門司港駅と改称されるまでは、まさに九州の玄関口であり、関門連絡船時代の駅舎はさぞ賑わったことだろう。駅舎としては日本で初めて１９８８年に国の重要文化財の指定を受けているが、この２０１９年3月に「創建当時の門司港駅」が甦ったばかりだ（東京駅丸の内駅舎と同様、約6年の歳月をかけて「復原」された）。

東京駅と異なるのは行き止まりの「終端駅」であり、現在は本州からの在来線の玄関は門司駅、新幹線は小倉駅なので、乗降客は往時ほど多くはない。駅周辺は門司港レトロと称した観光スポットとなっている。

門司港駅

そして、もう一つは「大社駅」。えっ、そんな駅があるのかって？

　この「大社」とは出雲大社のこと。1912（明治45）年6月に出雲今市（現出雲市）から大社の大社線が開通し、1924（大正13）年に現在の駅舎が完成した。昭和の参拝最盛期は東京駅とを結ぶ直通列車も走っていたが、1990（平成2）年に廃線。現在は「旧大社駅」として9時から17時まで入館無料で見学ができる。列車は来ないのに堂々「大社駅」の看板を掲げているおおらかさが◎（門司港駅は現役の駅なのに、駅舎正面に駅名の看板がない）。

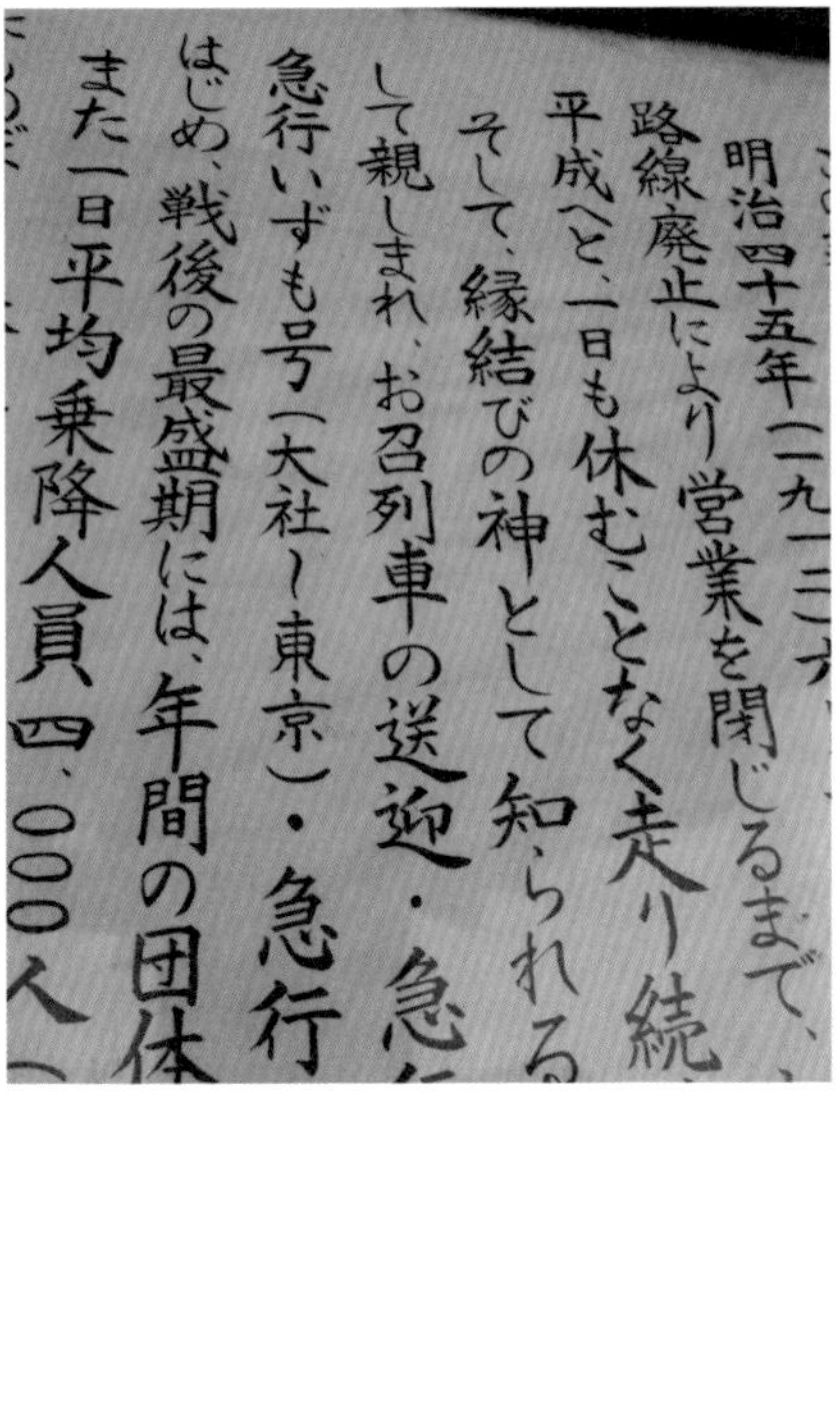
明治四十五年一九一二
路線廃止により営業を閉じるまで、
平成へと一日も休むことなく走り続
そして、縁結びの神として知られる
して親しまれ、お召列車の送迎・急
急行いずも号（大社〜東京）・急行
はじめ、戦後の最盛期には、年間の団体
また一日平均乗降人員四、000人

　ここは廃線になってしまったからこそ「現代のJR風」には改装されずに、まるで時が止まっているかのようだ。

　ちなみに先の「造家学会」という名称は、建築家・伊東忠太の提案によって189

7年に「建築学会」と改称されたのだが、大社駅にはその伊東忠太が関与したと思われるデザインが各所にみられる。屋根瓦に動輪の装飾があったり亀の彫物が載せられていたり……。

姿、形は違うが東京駅のドームのレリーフ、辰野金吾の遊び心にも通じるものを感じた。

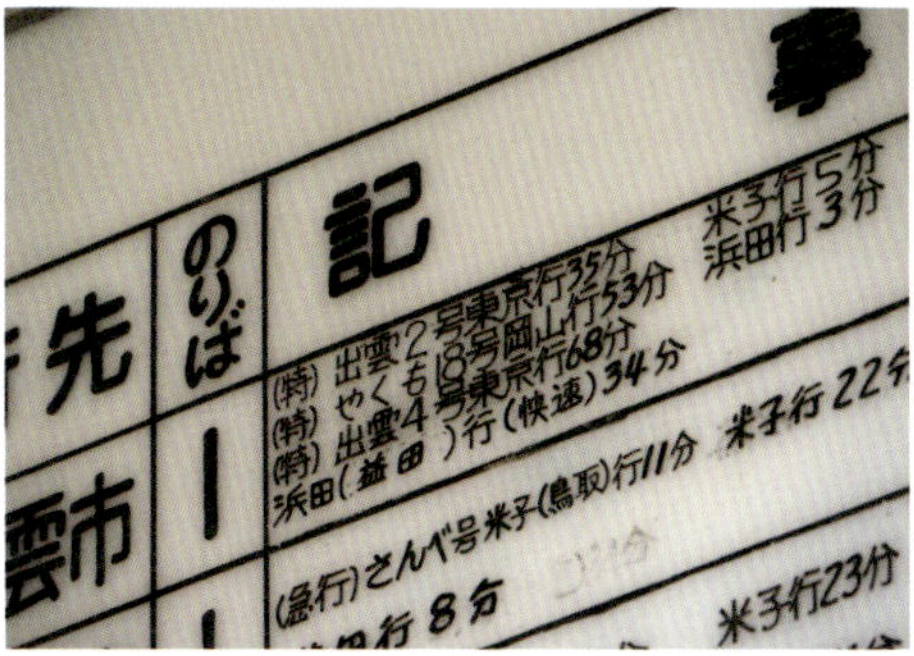

大社駅
歓迎
旧大社駅舎

物語13

東京駅には父が3人いる！

まずは、**「鉄道の父」**井上勝だ。背の高い銅像が丸の内駅前広場に、東京駅を見守るように立っている。この銅像だけで数多の物語がある。井上勝は1910（明治43）年にロンドンで客死しているが、鉄道黎明期のトップとしての数々の功績を称えるため銅像が作られ、1914（大正3）年12月6日に除幕式が行われた。

まず、最初の銅像の台座はなんと辰野金吾が設計した。さらにさかのぼると、辰野は工部大学校教授時代の1885（明治18）年に井上勝の官舎（木造）建築に携わったという記録がある。ということは辰野は井上と面識もあったのだろう。

そして、銅像の除幕式には大隈重信、渋沢栄一も出席したというからびっくりだ。

さらに現在の銅像台の裏を見ると、「大正三年十一月建」の文字が刻まれた銘板に、東京車站（車站＝駅の意）の文字が読み取れる。ん、11月とはなぜ？

「中央停車場」と称されていて、それは開業直前の1914（大正3）年12月5日

赤レンガの東京駅と対峙する井上勝像

の鉄道院告示で、初めて「東京駅」と正式に命名されたのではなかったか……。

初代の銅像は1944（昭和19）年、戦時の金属供出で撤去されてしまった。しかし井上の没後50年を機に1959（昭和34）年、二代目の銅像が建てられた。1963（昭和38）年に移設されたり、横須賀・総武快速線の地下工事や、丸の内駅舎保存・復原工事で、駅舎前に移った銅像も一時撤去を幾度も繰り返したが、駅前広場の完成に伴い2017（平成29）年12月、ようやく今の場所に帰ってきて落ち着いたというわけだ。

井上勝の生まれは長州、萩である。萩駅は1925（大正14）年に開業した瀟洒な駅舎で、中では井上勝関連の展示を見ることができる。特筆すべきは、

初代銅像台座の飾り石

萩駅舎を背景に若き井上勝像

初代銅像の台座（辰野金吾設計）の飾り石が展示されているということ。ゴロンと置いてあってびっくりだ。また、２０１６（平成28）年10月には駅前に、若きロンドン時代のスコップを手にした姿を銅像にした「井上勝志気像」が建立された。東京駅に子爵井上勝、萩駅に若き井上勝。それぞれの銅像の対比が面白い。

二人目の父。それは東海道新幹線18・19番線ホームの南端にレリーフがある十河信二（第４代国鉄総裁）だ。こちらは**「新幹線の父」**。師ともいうべき初代鉄道院総裁の後藤新平から託された広軌（標準軌）新幹線構想の夢を引き継いで、幾多の困難を最後まで諦めずに奮闘し、東京オリンピックに間に合わせて開業させた東海道新幹線。

東京駅のレリーフは１９７３（昭和48）年に建立され、十河の座右の銘「一花開天下春」の文字が刻まれているが、この記念碑の裏には「新幹線開業」と題して博多までの開業年月とキロ程がそれぞれ埋め込まれている。ほかの空いたままの凹みには以降に開業した新幹線の歴史がひとつずつ埋められる予定ではなかったのだろうか。

いまや全国に伸びた新幹線網が、この記念碑に刻まれていないことは甚だ残念だ。「新幹線の父」で国鉄総裁だった十河は、あの世で憤慨しているかもしれない。

余談だが、十河信二は新幹線のない四国、西条市の生まれ。第二代西条市長も務めており、名誉市民第一号でもある。面白いのは、先の井上勝銅像と繋がりがあったこと。十河は国鉄総裁在任中の1958（昭和33）年に「井上勝銅像を再建する会」の創立準備委員となっていた。

そして、三人目の父は言わずもがな東京駅を建てた辰野金吾、**「近代建築の父」**である。2012（平成24）年に創建時の姿に復原され、2014（平成26）年に開業100周年を迎え、2017（平成29）年に丸の内駅前広場が完成し、日本の中央駅として君臨し続ける東京駅。辰野金吾は東京駅のみならず、日本銀行本店や各地の銀行、駅、企業、邸宅など生涯200件もの建築に携わったという、まさに「近代建築の父」。辰野のちょっと小振りな銅像は郷里佐賀・唐津に近年ようやく立ったが、東京駅には辰野金吾の銅像もレリーフもないのは、ちょっと残念かな。

「鉄道の父」「新幹線の父」「近代建築の父」

「ひとり」の存在がとても大きかった時代。そんな偉人＝「父」が3人いるのが東京駅だ。

物語14

この木なんの木

出典：財務省ウェブサイト

「この～木なんの木♬」

どこかのＣＭではないが、気になる木である。

新一万円札の東京駅にかかった、「日本一有名な、無名の木」だ。

まず、新一万円札をよく見てほしい。といってもまだ皆さんのお財布には入ってないか。流通するのは5年も先のことという。発表された写真で見ると、東京駅はお札の裏面の左右２か所に描かれている。

右下の図案はＪＰタワー（ＫＩＴＴＥ）から見た丸の内駅舎。中央すかしの左側の図案は丸の内北口である。では、その丸の内北口のほうの図案をよ～く見てほしい。駅舎3階の左から窓２つを隠すように三角にモヤモヤっと……ん、なんか怪しいモザイクか。

この場所に立つとわかるが、正体は実は「こちらの木」だ。図案なのでスッキリ取

5年後に注目を浴びるはずの木

ってしまえばいいのに、と思うが、木はなぜか駅舎に被せて描かれている。これは臨場感なのか、それとも偽造防止策か？

さて、またまた「父」の話である。今度は「近代日本経済の父」こと、渋沢栄一。

ウラの話から入ってしまったが、今度の新一万円札のオモテ、肖像となる人物だ。新五千円札の「津田梅子と藤の花」、新千円札の「北里柴三郎と富嶽三十六景」が、それぞれどれほど「表裏の関係」があるのかは知らないが、この新一万円札の「渋沢栄一と東京駅」の関係は凄い、凄すぎる。

まず、渋沢栄一は１９１４（大正３）年の東京駅開業式典に出席し、祝辞を述べている。また、前述の東京駅前広場での井上勝銅像の除幕式にも出席している。

そして、辰野金吾が、初めて設計した建物が１８８４（明治17）年の東京銀行集会所（総代渋沢栄一）だといわれているし、同時期には渋沢の私邸（日本橋兜町、後に渋沢事務所となる）も建てているのだ。辰野が自らの建築事務所を立ち上げた当初は、なんと渋沢がパトロンとなって仕事の援助をしたという。

そして極めつけは、東京駅のレンガ。

物語８「熊さん」を探せ！の項目で述べた、構造レンガ約７５２万個を製造した日本煉瓦製造株式会社は、渋沢栄一が生まれ故郷の埼玉・深谷に設立した会社なのだ。深谷はレンガの町として東京駅の赤レンガ駅舎を模した駅舎にしており、それを眺めるは渋沢の銅像……ってもう、関連が深すぎ〜。

最後に、新一万円札はもちろん、「日本銀行券」だ。日本銀行本館は辰野金吾の設計、建築である。もう、この紙幣には完全に辰野金吾が宿っている。

新一万円札を透かすと、金吾が浮かび上がってくるように思えてならない。

赤レンガ調の深谷駅を見つめる渋沢栄一像

埼玉県1000円記念硬貨

東京都500円記念硬貨

ちなみに「渋沢栄一と東京駅」、実はあまり知られていないが、どちらも「地方自治法施行60周年」で、埼玉県と東京都の記念硬貨になっていた。

渋沢栄一は額面で１０００円（２０１４年発行）、東京駅は５００円（２０１６年発行）だ。

辰野金吾が建てた「東京駅」「日本銀行本館」。その二つを一枚に収めた写真がこちら。眼下に日本銀行本館の特徴ある屋根、密集するビル群の上方奥やや左手には東京駅の南側ドーム屋根部分が望める。

二つの丸いドームを眺めていると、辰野の聲が聞こえてくるようだ。

物語15

北木島物語

「北木島」ってどこなの? 聞いたこともないな。

実は私も最近知ったばかり。それも東京駅の駅舎前の解説ボードだった。

丸の内駅舎の白い部分は石である。辰野建築はレンガと石の美しいコントラストが特徴で、最も硬度の高い御影石＝花崗岩を使っている。

で、その駅前の解説ボードに「腰壁・玄関廻り等には北木島（岡山）産の御影石が使用されている」と謳ってあるのだ。

「岡山県の島」で調べると瀬戸内海は笠岡諸島の小島。小島といっても笠岡諸島では一番の大きさという。そして、すぐ隣が白石島とはこれは出来すぎな名前だ。

もう気になって仕方がないので、さっそく足を運んでみた。

山陽本線の岡山駅から電車に揺られること40分で笠岡駅に到着。港からは小さなフ

ェリーでさらに揺られること50分。
船内では、カバンを提げたお兄さんからきっぷ（乗船券）を購入。島民の利用がほとんどのようで「石を見に来ました」と告げると珍しがられたうえに、島の案内や移動は大丈夫かい、と心配されてしまった。
人口わずか1000人に満たない島。信号はなく、横断歩道が島内に一か所だけ。なんと、島内移動の公共交通機関はないのだ。
最近はお笑い芸人「千鳥の大悟」の出身地として島を訪ねてくる女性たちがいるくらいだよ、とのんびりしたものである。

やがて、山肌が石で白く見える小島が現れて、港に到着。期待が高まる。

島内唯一の新しい施設「K's LABO」ストーンミュージアムで、北木石についての概要、歴史を知ることができる。始まりは、なんと江戸時代、あの再建した大坂城の石垣だ。

そして、辰野金吾が初めてこの石を東京に持ち込んで1896（明治29）年、日本銀行本店が竣工した。この工事では大阪から石工を呼び寄せて加工したのだという。

瀬戸内海から初めて外洋に出ての船による運搬は、さぞかし大変なことだ

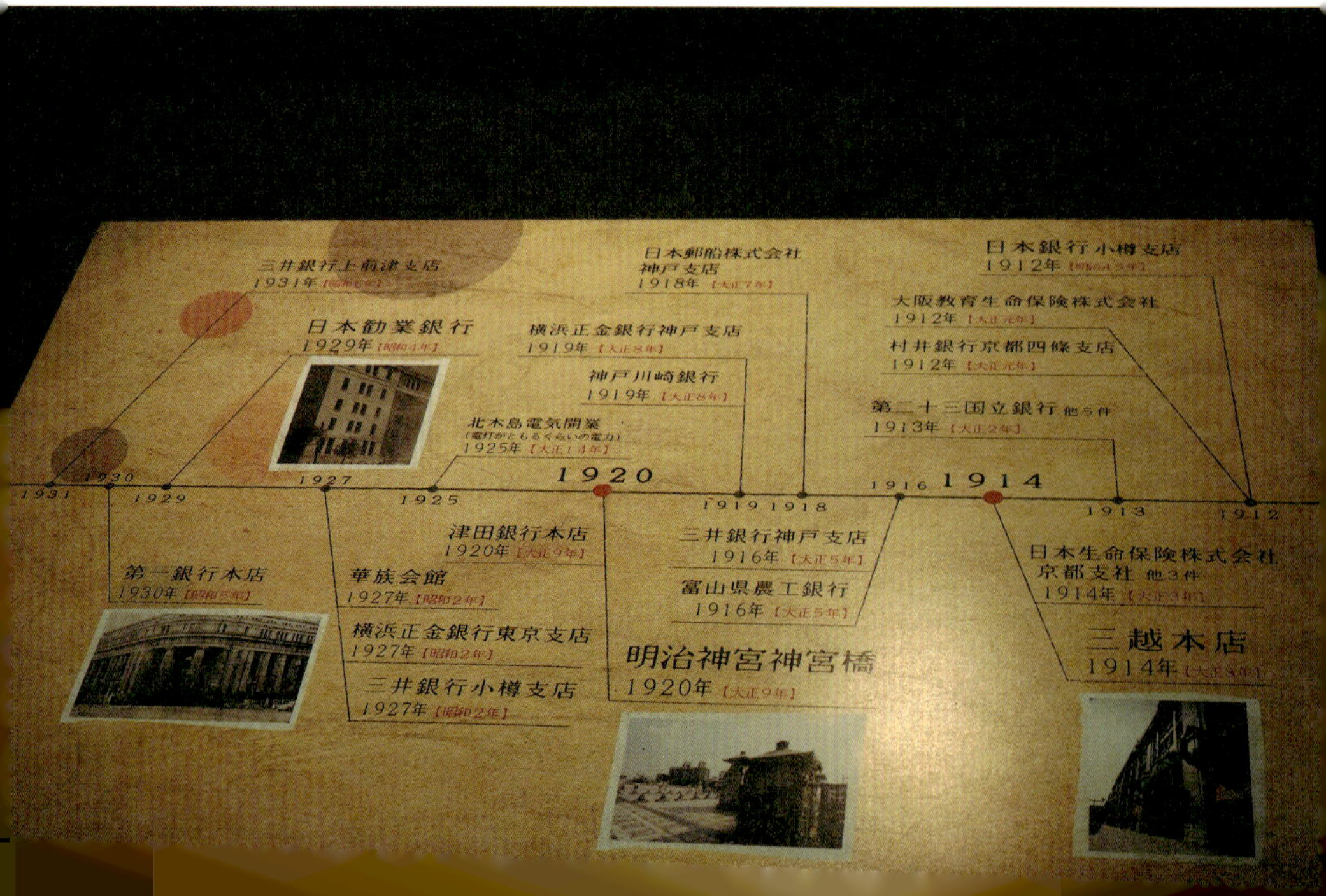

ったろう。

解説年表には、北木石を使った当時の建物がいくつも紹介されているが、1914（大正3）年を見ると大きく「三越本店」とある。

えーっと、東京駅は？

聞くと、ここでは東京駅関連の資料が揃っていないために記していないとか。天下の東京駅の解説ボードに「北木島」と表記されているのに、当の北木島がこれでは残念至極だ。

私の使命は、ここ北木島でも「東京駅の石」であることを広めることかな。

残念と言えば、この島には通称「残念石」と呼ばれている細長い石が2つ、港にある。靖国神社の大鳥居も実は、ここ北木島産の石。4本を掘り出して島の港まで運び、加工した上で、船に乗せて東京まで運ぶ。無事に最初の2本が東京に到着し、鳥居として立ち上がって完成した……といったところで港の2つの石はお役御免になってしまったという。そう、何かの時の予備の石2本だったのだ。島から出ることなく、そのままそこにゴロンと横たわっている石。ああ、残念だったね、と撫でてみた。

最後に、石切り場へ向かった。

その途中、まるで中国の桂林かと思うような景色のかつての採石場もあり、今度、ゆっくり撮影に再訪してみようと思った。最盛期は何軒も石材業者があって活況を呈していた島の採石も、現在、唯一となったのが鶴田石材さんの採石場。

案内をお願いして、展望台へと向かう。足がすくむ絶景とは、まさにこのことか。上を見上げると眼前の山から石を削り取られた岩肌が迫り、そのまま見下ろすと眼下100メートルにもなろうか、現在採石している部分が見える。

「あの深い部分の右の壁面あたりが、今回の東京駅復原工事で出荷した花崗岩のところですよ」と説明してくれた。

あまりの感動に震えているのか、足がすくむ高さで震えているのかわからなくなってきた。

東京駅前の一枚の解説ボードから、はるばる辿り着いた丸の内駅舎の石の故郷。そして100余年前にも、この島の石が遥か東京まで運ばれたという浪漫。

まだまだ私は探求していかなければならない。そして、多くの人にこの石のこと、島のことを、東京駅とともに伝えていかなければ。

物語16

銅板は永遠に

丸の内駅舎は赤レンガと白い花崗岩が美しい辰野式フリークラシックの建物であるが、屋根は天然スレートが葺かれ、たくさんの銅板装飾が見られる。いったいどれほどの銅を使い、どれほど難しい加工で職人さんたちは苦労したのだろうか。

保存・復原工事完成後、東京駅でたまたま唐津の観光イベントがあった。ちょうどその翌日から、辰野生誕の地や旧唐津銀行を見に行くところだったのでちょっと覗いてみた。

現地のパンフレットを入手して帰りかけたところ、物産販売の横の小さな展示物が目に留まった。ケースに入ったそれは、まさしく丸の内駅舎の中央天頂屋根に輝く「両

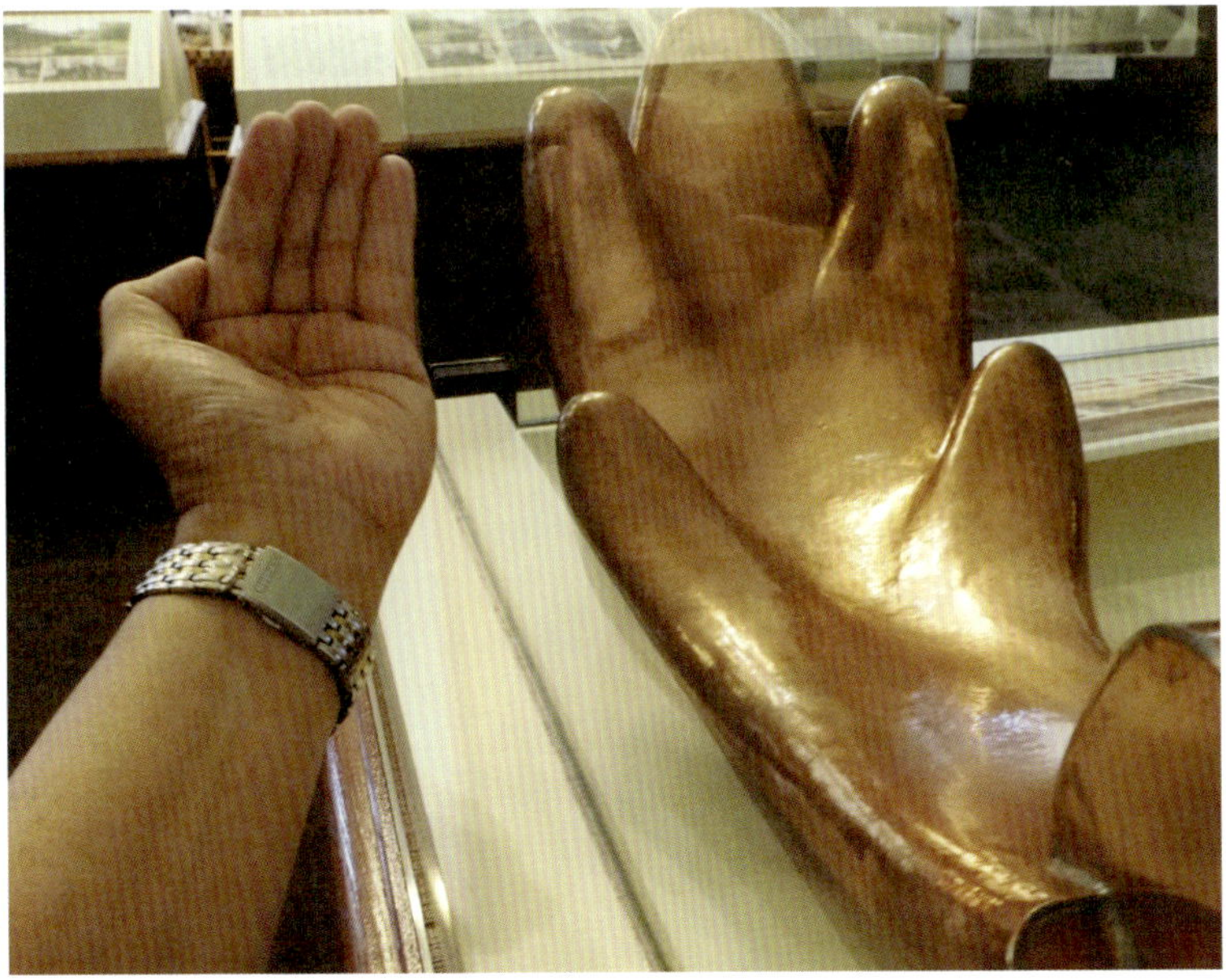
そんなに大きくなかった

手の銅飾り」。

まるで力士が土俵入りするときの掌の形のような、それは無類の相撲好きの辰野金吾らしいデザインの銅飾りだった。

さらに食い入るように眺めていると、「これは、いつもは旧唐津銀行で展示されているんですよ」と。それは明日、私が行くところである。先に見てしまったな……と思いながらもそこに小さく記された「提供 長野鈑金加工」の文字をメモした。

翌日、旧唐津銀行（辰野金吾が監修、弟子の田中実が設計した建物）へ。なるほど「その場所」には「東京で展示中」の旨が。せっかくここまで来たのだから、と住所を頼りに長野鈑金さんを探し、突撃訪問。社長（長野修三さん）にお会いすることができた。

東京駅の思いをお互い熱く語るも、時間切れ。再訪を約束して歩くことわずか3分、そこになんと辰野金吾生誕の地があった。

2016（平成28）年10月。続きの話を伺いたく再訪。長野さんは、唐津一の料亭「水野旅館」で歓迎してくれた。工事のこと、銅

旧唐津銀行に展示されている東京駅の銅板飾り

板のこと、東京駅のこと……至福の御馳走と尽きない話。

まず、大手のメーカーでは複雑な屋根飾りなど手細工加工の見積りができないので（銅板一万円に対して、加工料が十万円以上とか）、ウチに話が舞い込んで二週間かかって計算をした、ということ。総額が約8億円という想像もつかない額になったと。

熟練者が不足しているので、銅板加工の納品だけでなく現場での取り付け工事にも協力してほしいと頼まれたこと。

東京駅は文化財なので今までの工事の経歴の提出が必要で、延暦寺や高野山国宝収蔵庫、重要文化財釈迦堂などを手掛けてきた記録帳が役に立ったこと。

鈑金だけでも全国からおよそ50人もの腕利きの職人さんを集結し、復原工事にあたったのだということ。

東京駅での作業期間中に東日本大震災が発生。余震も続く中、安全第一で完成度の高い作業を実施したことが認められ、表彰されたこと。

しかし、長期の滞在で宿、食事、通勤は厳しかったこと……。

また、腕が見込まれ、すべての屋根工事が終わっての足場解体工事を鹿島建設の所長から名指しで頼まれたということ。

そして、辰野金吾生誕の地からわずか200メートルの場所なのに、ウチは昭和6年開業だから当時は辰野先生とも、東京駅とも何も関係なかったんだよね、と。

こんな偶然ってあるのだろうか。そして、

「東京駅に立派な手形を残すことができたことは私の誇り、設計者と同じ唐津人として名誉なことです。『この道ひとすじ』まだまだがんばりますよ」

長野社長からしか伺うことのできない話は、私にとって何よりの唐津みやげとなった。

今にして思えば、予感があってあの時に再訪したのかもしれない。

翌年、長野社長が亡くなった、と水野旅館の女将さんから電報。あの日から間もなく、脳出血で倒れ、闘病10か月だったという。

今夏、墓参に長野鈑金加工を訪問した。玄関を覗いてもあの九州男児然とした社長はいない……どころか、初めて会った時のあの部屋が、きれいさっぱり片付いているではないか。

平成の終わりとともに4月末で看板を降ろし、店をたたみました、と告げられた。

長野社長を再訪すると、拙著やカレンダーが事務所に飾ってあった。2016年10月

親子二代、88年の長野鈑金加工の歴史にピリオドが打たれたところだった。

今回の復原工事にあたっての大事な資料は、息子さんが引き継いで保管しているという。50年、100年経つと緑青が発錆し、風合いが変化しても生き続ける東京駅屋根の銅板装飾。

私は忘れない。あの晩餐での長野さんの笑顔。部屋から眺めた夜に輝く海。そして穏やかな波の音を——

物語17

工事は続くよどこまでも

東京駅丸の内駅舎保存・復原工事は、２００７（平成19）年５月に起工式が行われ、２０１２（平成24）年９月に竣工された。

工期は５年と４か月、職人の数は延べ78万人という大工事だった。

創建の時は、１９０９（明治42）年６月に、基礎工事に着手して１９１４（大正３）年12月に竣工、５年半の工期で職人は延べ74万人だったという記録がある。

およそ一世紀の隔たりがあるのに、不思議なくらいに工期も延べ人数もほぼ同じだ。

一概には言えないが、諸々の技術や重機など格段の進歩がある中で、今回の保存・復原工事は「可能な限り創建当時の駅舎の姿にする」という大命題のもと、「職人技の手作業」を必要とする部分が非常に多くなって差があまりでなかったのではないだろうか、と考えたりもする。

2009年8月

もう一つ、駅舎の外観上の大きな工事は戦災復興の工事。こちらは1945（昭和20）年9月から1947（昭和22）年3月までのわずか1年半で、三階建てを二階建てに、丸型ドームを八角屋根に改修している。

このほか、新幹線や京葉線、上野東京ラインなどの新路線乗り入れ工事や、八重洲口グランルーフ、地下の商業施設の拡張など、東京駅は開業から一世紀の歴史において工事をしていなかった時は一度もない、とまで言われているのだ。

上の写真は2009年8月。丸の内駅舎の南側と八角屋根に穴が開けられて工事が進んでいる。そして右の東京中央郵便局は、外壁を残して内側がきれいに解体されてしまっている。

郵便局は八重洲側に仮局を設けて移転営業をしていたが、

2012年6月

ＪＰタワーの工期は2年半ほどであった。５００系新幹線のぞみと、東京駅に乗り入れる唯一の私鉄車両リゾート21が12時30分に同時発車したところも見逃せない。

上の写真は、２０１２年6月、工事も大詰めの頃。駅前の「東京駅」の文字が彫り込まれた石（右側）はまだ段ボールに包まれているが「その周りの赤色の地面も化粧レンガなんです」とタイル職人の坂野厚志さんが教えてくれた。職長の坂野さんは駅舎外観の化粧レンガを、現代に伝承されていない創建当時の技術（覆輪目地、かえる股）で積み上げるために鏝（こて）を製作。現場で作業しながら苦労を重ねて習得していったという。

ちなみに、丸の内駅前広場整備工事（２０１５年4月〜２０１７年12月）で正面玄関の「東京駅」の石は右から左に移動し（駅前での記念写真が撮りやすいように、との配慮だという）、化粧レンガだった地面の部分は周囲と同じ白い石張りに変わった。坂野さんは、ちょっと残念がっていたが……。

また、駅舎中央の屋根（写真では左）部分のスレート（いわゆる屋根瓦）は、国内唯一の天然スレートの産地である宮城県石巻市雄勝の石で葺かれている。

１９１４（大正３）年の創建時はすべてがこの雄勝産であったが、現在はその産出・加工量が限られているため象徴的に中央の屋根に使用し、屋根全体の約８割はスペイン産のスレートだ。

雄勝は東日本大震災で壊滅的な被害を受けた場所。ちょうどこの屋根に葺くため用意していたスレートが津波で流されてしまったが、石巻市の石盤葺き職人・佐々木信平さんがいち早く現地に駆けつけて奇跡的にそのスレートを発見。洗浄、検査を経て当初の予定通り、駅舎中央に葺くことができたのだった。


丸の内駅前広場整備の工事は、ＪＲ東日本、東京都建設局と鹿島建設の三者で進められた。２０１７年６月に駅前部分の広場が開放される直前、江藤東京駅長（当時）の声掛けで60名もの作業員たちが集結した。

駅舎保存・復原工事ではポスターなどで公式に撮影した集合写真は見たことがあっ

たが、広場整備の工事も記録を残しておこう、と駅長から私に撮影の指名が来たのだ。

広報の立ち合いもアシスタントもいない中で撮ったこの一枚は、アンオフィシャルな「東京駅フォトグラファー」の私と、駅長との繋がりだった。

駅長を挟んで左右の二人は副駅長。江藤駅長はこの翌月に異動となり、第25代の小池東京駅長が広場完成の記念式典に出席、また現在は副駅長は一名となっている。

東京駅は今、北通路工事が大林組により進行中で、2020年には広い待合広場と大きな吹き抜け、また新たに70店舗ものショップがオープンするという。

工事の槌音が止むことのない東京駅だ。

物語18

八角屋根の時代

東京駅の丸の内駅舎は1945(昭和20)年5月25日の東京大空襲で丸型ドームと3階部分の屋根の一部が焼失してしまった。終戦直後の限られた資材の中、わずか2年足らずで復興工事をし、仮の姿ということでの2階建て、八角屋根の丸の内駅舎となった。

1960(昭和35)年生まれの私も、もちろんずっとこの姿を見て育ってきた。私たちが慣れ親しんできた東京駅は、実はこの八角屋根の駅舎だったのだ。八角屋根のドーム内にレリーフ(装飾)はなく、まるでローマのパンテオンのようなジュラルミンドーム(格天井)であった。

1977(昭和52)年頃から駅舎建替え、駅ビルや高層化の計画が持ち上がったが、日本建築学会からの保存要望書や赤レンガの東京駅を愛する市民の会が発足、199

9（平成11）年に東京都知事とJR東日本社長が駅舎保存・復原に合意したという経緯がある。
そして、2003（平成15）年、丸の内駅舎は国の重要文化財に指定された。
この間、取り壊されることなく八角屋根の赤レンガ駅舎が守られてきたからこその重文指定、そして復原工事にも繋がることができたのだ。もし、赤レンガの丸の内駅舎が消滅していたら、保存・復原の「保存」という概念はなく、復原（創建時に戻す）でもなく、復元（壊したものを造り直す）＝三菱一号館のようにレプリカ再建となっていたことだろう。
現在のドーム2階の回廊から1階を見

下ろすと、ジュラルミンドームを転写した幾何学模様が見える。八角屋根をリスペクトしたデザインは嬉しい現代の遊び心か。

2018年11月から約三か月間だけ、京成電鉄の旧博物館動物園駅が初めて一部公開された。1933（昭和8）年に開業し、1997（平成9）年に営業休止となった駅だが、駅舎には東京駅のジュラルミンドームとそっくりの天井があった。全717ページもの膨大な「重要文化財 東京駅丸の内駅舎 保存・復原報告書」を紐解くと、そこに出てきたのは、博物館動物園駅

ジュラルミンドームを転写したデザイン

の設計者が丸の内駅舎の戦災復興工事時に屋根の意匠設計をしたという一文。私にとって、これは小さな天井だが、大きな発見だった。

旧博物館動物園駅のドーム

1947（昭和22）年から2007（平成19）年の約60年間、東京駅を支えた八角屋根。もはや現在の3階建て、丸型ドーム駅舎にすっかり馴染んでいるが、この姿は開業の1914（大正3）年から1945（昭和20）年と、2012（平成24）年から2019（令和元）年までを足した約40年間なので、まだまだ東京駅の全歴史から見れば八角屋根の時代のほうが長い。

物語19

R.T.O.レリーフは語る

戦後間もない1947（昭和22）年に、進駐軍の鉄道司令部であるR．T．O．（Railway Transportation Office）が、東京駅丸の内駅舎南口改札脇（現在の「みどりの窓口」あたり）に設置された。

大戦で勝利を収めたアメリカの軍人が日本国内を旅行したり、在日の米軍基地へと列車で移動したりするために、米国人専用の窓口や待合室が設けられたのである。

日本は敗戦したものの、進駐軍の目を驚かせる意匠を施せないだろうか、という運輸省からの声で急遽、東海道や国立公園などの日本の名所旧跡、日本地図を石膏レリーフで表し、R．T．O．待合室の壁3面に施した。

監修は、建築家の中村順平氏、3枚の石膏は縦約3.2メートル、幅約54メートルの巨大な作品である。

進駐軍が旧国鉄に施設を返還する1952（昭和27）年まで飾られていて、その後は駅事務所、手荷物扱所や一般の待合室としても使われたというが、このレリーフの上に新しい壁が設置されてしまい、目に触れることはなくなってしまった。丸の内駅舎保存・復原工事によりR.T.O.レリーフが発見され、２０１２（平成24）年秋から京葉線改札外コンコースに展示されている。

日本地図のレリーフが特に興味深く、まず一枚目の写真。ＴＯＫＹＯと中央に大きくあるが、周辺は主要都市名が書かれており、羽田あたりの沖合い東京湾には飛行機、ＭＩＮＡＫＡＭＩ、ＫＡＲＵＩＺＡＷＡ、ＮＡＧＡＮＯ

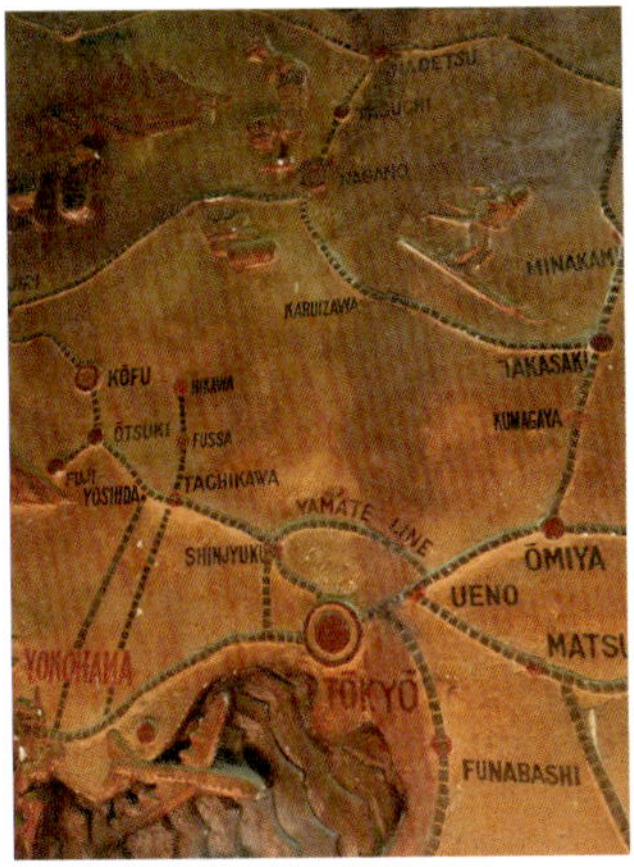

あたりの山間部にはスキーヤーの姿が楽しげに彫り込まれている。そんな中で米軍基地のあるＦＵＳＳＡ（福生駅）が表記されている。さらに歴史を感じるのはＨＩＫＡＷＡ（１９７１年、奥多摩駅に改称）やＴＡＧＵＣＨＩ（１９６９年、妙高高原駅に改称）の懐かしい駅名を見つけることができる。

もう一枚を見ていただきたい。NIKKOに東照宮陽明門、SENDAIに松島の姿は外国人にとっても外せない観光地として理解できるが、そのほかは県庁所在地の駅名が記されているばかりの中にあってJINMACHIが目立っている。実はこの神町駅、現在は陸上自衛隊神町駐屯地になっているが、終戦後1956（昭和31）年に返還されるまでは「神町キャンプ」として進駐軍が駐留、約3キロの専用線も延びていたのだ。

1946（昭和21）年には神町駅にもR.T.O.が設置され、翌19

将校の足音が近づいてくる気がした

47年に改築された駅舎は山形の小駅とは思えぬほどの大きな待合室、ローマ字の駅名看板、明かり取り窓など当時の面影を色濃く残していたが、2017（平成29）年に小ぶりな新駅舎に模様替えしてしまった。

神町駅舎取り壊しのニュースを知った私は即刻現地へ向かい、解体工事作業員に声をかけて旧R.T.O.待合室を覗かせていただいた……すると、長らく封印されていた広い空間に漂うアメリカンな空気に圧倒され、潰されそうになった。将校の足音が、幻影が浮かぶ。

そしてまた、興味深いのはR.T.O.レリーフには、常磐線を走る汽車が彫り込まれていることである。

誰もが知っている唱歌「汽車」。

「今は山中　今は浜　今は鉄橋渡るぞと　思う間も無くトンネルの　闇を通って広野原（ひろのはら）」

この広野原とは、常磐線の「広野駅」（福島県双葉郡広野町）を指している、という説がある（実際、広野駅に唱歌「汽車」の碑がある）。

1912（明治45）年に刊行された『尋常小学唱歌』に初出されたこの歌を思い描いて彫られたのだろうか（なんと、この歌は東京駅開業の2年前にできていたのだ）。

さて、このR.T.O.レリーフで私は「写真界、世紀の大発見？」をした！

実は、アラーキーこと写真家 荒木経惟先生の原点でもあり代表作の「センチメンタルな旅」（1971年）で、R.T.O.レリーフが写されているのだ。2016（平成28）年7月に撮影したフィルム全18本のコンタクトシートを並べた写真展があった。「陽子夫人がちょっと物憂げな表情で0系新幹線の椅子に凭れている写真」が、そのファーストカットとして余りにも有名であるが、実はこれはフィルム1本目の7カット目の写真。でも、4枚目から12枚目までの9カットはすべて同シチュエーションのアザーカットだ。では、1枚目から3枚目までは何を撮っているのか？

1枚目はまだフィルムの始めの空送りで、シャッターを切ったというより何か感光したくらいの黒い模様が入っているだけだ。では、2枚目と3枚目の二枚。陽子夫人が手前の長椅子に座り、雰囲気を見るにこれは「待合室」である。新幹線の椅子よりも前のカットだから、この場所は東京駅に相違ない。

と、奥の壁左あたりを見てその模様にピン！ときた。まさにこれは「東海道松並木と旅人」のR.T.O.レリーフなのだ!! 実際の進駐軍のR.T.O.待合室は1952年までのことだったが、一般の待合室でこのレリーフが写っている写真は極めて珍しく、また1971年には明らかにここにレリーフがあったことが証明された。

膨大な駅舎工事の資料を紐解くと、そこには1974年に壁板で覆われ、人目に触れることもなくなっていた、という表記があったので、合点がいく。

この「センチメンタルな旅」の本当のファーストカットはなぜスルーされたのだろう？ アラーキーもまだフィルムの空送りのつもりで、ほとんど意識をせずにこの2枚を撮った（というよりシャッター押しただけ）のではないだろうか。しかし、私にとってはフィルムだからこそ！のこの産物に興奮を隠せない。

もし荒木経惟先生にお会いする機会があったなら、真相を確かめてみたいと思う。

物語20

丸の内駅舎で働く東京駅の顔

いつもは、お店に伺って一杯いただいているので、杉本壽さんに改めて対談をお願いすると「改まって話すことなんて、何もないですよ（笑）」と予想通りの返事が返ってきた。

御年78歳。バーテンダー人生は半世紀を超え、丸の内駅舎の中で働き続ける東京駅の「顔」だ。今宵も杉本さんを慕ってくるお客さんでカウンターは溢れる。

「たいしたこと、してませんから」これも杉本さんの口癖。

もはやＯａｋに立たれていること自体が、私たち東京駅ファンにとっては「たいしたこと」なのだから。

杉本 壽（すぎもと・ひさし）1940年生まれ。東京ステーションホテルに入社し、1959年「バー カメリア」に配属。以来、半世紀以上、東京ステーションホテルのバーでバーテンダーとして多くのお客様と接する。オリジナルカクテル「東京駅」は、東京駅75周年記念に生まれ人気を博す。“お客様に喜んでもらいたい”という想いで、小柄な体で目を輝かせ、微笑みを浮かべながら、お客様のためにカクテルを作り続ける。

佐々木　今日は、久しぶりに東京ステーションホテルに泊まるのでワクワクしてます。先ほど部屋に入りましたら、ウェルカムサービスのプレート皿に雄勝のスレートが使われていました。これは、東京駅の屋根の石ですね、嬉しいなぁ。

杉本　東京駅丸の内駅舎の保存・復原工事が完成して、このＢａｒにスレートを持ってきた方がいてね。石巻の佐々木さん、信平さんね。ちょうど同窓会かなにかで上京してきて、私はあいにく休みの日で会うことはできなかったんだけど、ここなら東京駅を好きな人たちが飲みに来るだろうから、スレートをみんなに見せてあげて欲しい、って置いていったんだよ。

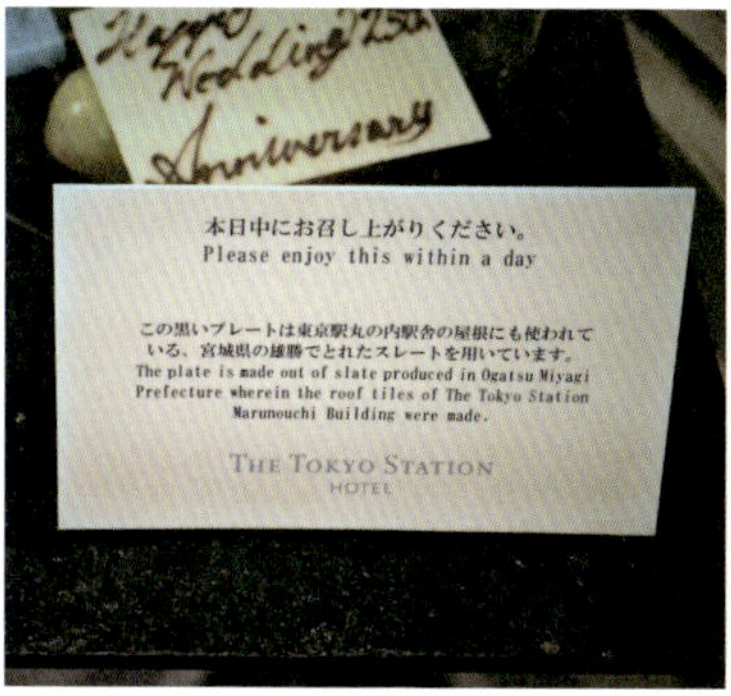

佐々木　私も杉本さんからここで初めてスレートの実物を見せていただき、その時手にした感触が忘れられません。石盤葺佐々木信平と名刺が貼られていました。

杉本　何回か、貸してほしいって言われてここから持って行ったよね。東京駅の写真講座で使うとかで。でも、ついには信平さんの名刺の連絡先をメモして石巻まで会いに行った。あれはびっくりしたね。

佐々木　借りてばかりでは申し訳なくて、自分も一枚欲しいなって（笑）。信平さんの気持ちを汲み取って、杉本さんがたくさんのお客さんにスレートを見せている。だったら私もこのスレートの話を信平さんから直接伺ってきて、少しでもみんなに広めていきたいなと思ったんです。

杉本　後日、上京した信平さん夫妻をＢａｒに連れてきてくれたので私も初めて会うことができたね。そう、信平さんが叙勲された時もここに夫婦で泊まってもらって、顔を見せてくれたんだ。二人ともあんまり飲めないんだけどね。

佐々木　嬉しいですね。このＢａｒだからこそ繋がったご縁ですね。

杉本　でももう、スレートはあんまり見せてないんだよ。ここに余計なものは置くなって、お客さまがね。

もう十分である。東京ステーションホテルでは客室で、メインダイニングで、磨き上げられたスレートがプレート皿となって、皆さんを待っているのだから。

信平さんご夫妻と

佐々木　いろんなお客さんがいらっしゃいますよね。

杉本　オーダーは「東京駅」のカクテルばかりだよ。いったい今まで何杯作ったのかな。本当は皆さん、自分に合ったお酒をオーダーしてほしいんだけどね（笑）。お客さまの好みは覚えますよ。作家の内田百閒先生はよくお見えになったかな。「コクテル！」って注文するんだ。先生一門の魔阿陀会の集まりもこのホテルで開催していたしね。

佐々木　百閒先生といえば、「乗り鉄」の元祖のような方でした。東京駅の一日名誉駅長を拝命するも、出発合図を送るはずの列車に飛び乗ってしまうとかで無茶ぶりが凄い。お会いしてみたかったです。

ところで、カクテル

「東京駅」は東京駅開業75周年の時に赤レンガをイメージして考案したそうで。あ、今年は誕生30周年だ！　おめでとうございます。そういえばＮＨＫのクイズ番組の時は、答えが「東京駅」のカクテルじゃ当たり前すぎる、というので、東北新幹線をイメージした「はやぶさ」のカクテルを答えにしましたね。

杉本　ＪＲ東日本系列のホテルだから「はやぶさ」とか「かがやき」とか、列車の名前の創作カクテルを昔はよく作ったんだ。そう、あの時は佐々木さん、テレビに出まくって私の自宅に電話してきたよね。番組に出演する回答者に事前に答えを教える訳にはいかないけど、「アレのほうだからね」って。まるで教えたようなもんだった。

佐々木　その節は、助かりました。今も杉本さん宅に電話すること、ありますね。今日も、Ｂａｒ Ｏａｋのオープン時間前にこの対談をお願いしているので、確認のお電話を入れちゃいましたし（笑）。

　隣でホテルスタッフが驚いて「杉本さんの直電を知ってるお客さまは佐々木さんくらいでしょう」と。携帯やスマホを持たず、パソコンもしない杉本さんには、お店以外での唯一の連絡手段が家の電話だ。では、杉本さんはいったいどれくらいのお客さんを頭に記憶されているのだろうか。さらにスタッフは「杉本メモ、があるんですよ。いろいろ書きこんでいるようですよ」と。まさにバーテンダーの鑑だ。カウンターに立てばそこは舞台、客からは一挙一動が注目され、無粋なことはできない。が、その日の演者・主役はその日の客だ。舞台上の杉本さんは黒子に徹し、客をもてなす。自身はあくまで控えめに。そして、自らの記憶の引き出しから会話を始め、時にお客さん同士を引き合わせてくれる。私もどれだけここで、東京駅愛の深いお客さんを紹介していただいたことだろうか。

杉本 ところで岳《がく》ちゃんは元気? あずさちゃんはいくつになった?

佐々木 今度、岳とは一緒に一杯やりに来ますね。あずさは高校2年生になりました。

今日も家族を気遣ってくれる。でも「お客さまはみな一緒ですから」これも杉本語録。気が付くと淡々とグラスを洗い、磨いている。

杉本 泊りなら後で奥さんとゆっくりいらっしゃい。私の話はもういいでしょ(笑)。

物語21

東京駅の玉手箱

～東京ステーションホテル～

東京駅開業の翌1915（大正4）年に開業した東京ステーションホテル。東京駅の歴史と共に歩み続け、2006（平成18）年4月から丸の内駅舎保存・復原工事のため6年半の休業、2012（平成24）10月にリニューアルして現在のスタイルとなった。

国の重要文化財の中にある、日本で唯一のホテル。BAR OakやカメリアＴＯＲＡＹＡ ＴＯＫＹＯなど、宿泊しなくても利用できるところは私も頻繁に訪れているが、ここでは宿泊してこそ堪能できる愉しみをいくつか紹介したい。

まずは、改札を行き交う人々を眼下に眺め、ドームのレリーフが間近に見られるアーカイブバルコニー。北ドームに1か所と南ドームに2か所あるが、この内の1か所

アートワーク作品が並ぶ廊下

アトリウムのライブラリースペースには私が撮影した写真がある

からは創建当時のレリーフの一部分を見ることができ、駅前広場完成記念式典では両陛下もご覧になったところだ。

続いては、駅舎中央部の屋根を一大空間としたゲストラウンジのアトリウム。

外から見ると屋根裏くらいにしか思えないが、中央線ホーム側は明かり取りのガラス天窓になっていて、天井高は最大9メートルもある。

宿泊者の朝食ブッフェは人気で、ライブラリースペースではゆったりと寛ぐことができる（このスペースには、東京ステーションホテル開業100周年〈2015年〉で駅舎が特別ライトアップされた時に私が撮影した写真3点も飾られている）。

諸河さん撮影の都電の写真

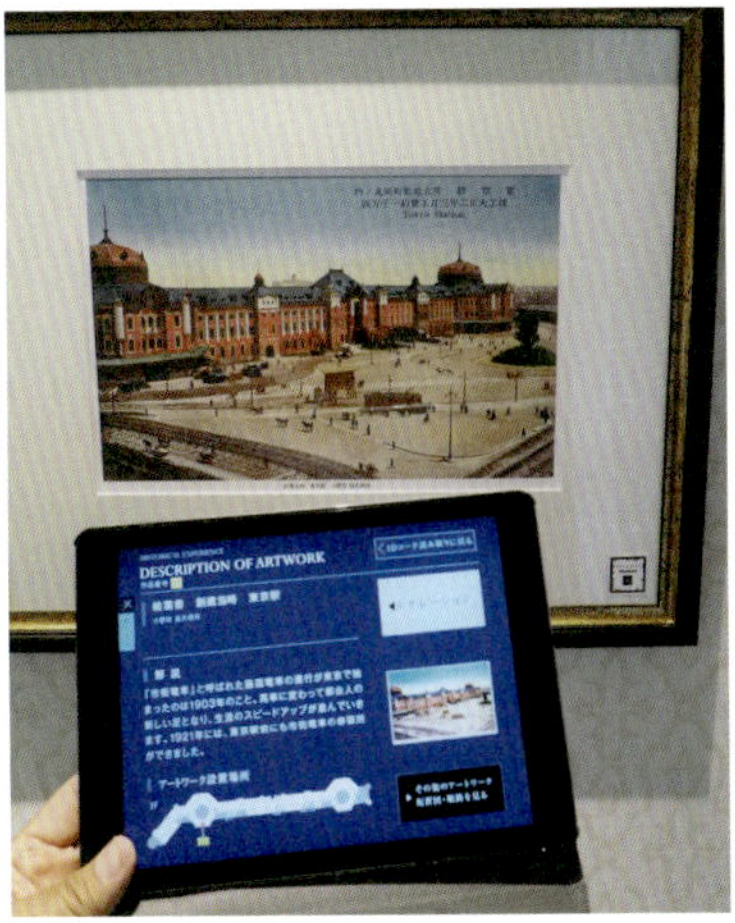

タブレット端末で楽しめる

　また、長い客室廊下には左右に１０７点ものアートワーク作品が展示されている。これは、東京駅や鉄道、東京ステーションホテルにまつわる写真、図面、絵画などで、歴史的な価値もあり見応え十分。宿泊プランのＨｉｓｔｏｒｉｃａｌＴｏｕｒでは展示作品の解説やナレーション音声が楽しめるタブレット端末を用意してくれる。廊下最南端には、ちょうどこのあたりの道路を行く都電の写真（鉄道写真家の諸河久さんが１９６５年に撮影）がある。これは当時のホテルのコーヒーショップの看板が写真左に写りこんでいることに、藤崎総支配人が感銘を受け、今年新たに追加して飾られたものだ。

　ホテルには、10のレストラン＆バーがある

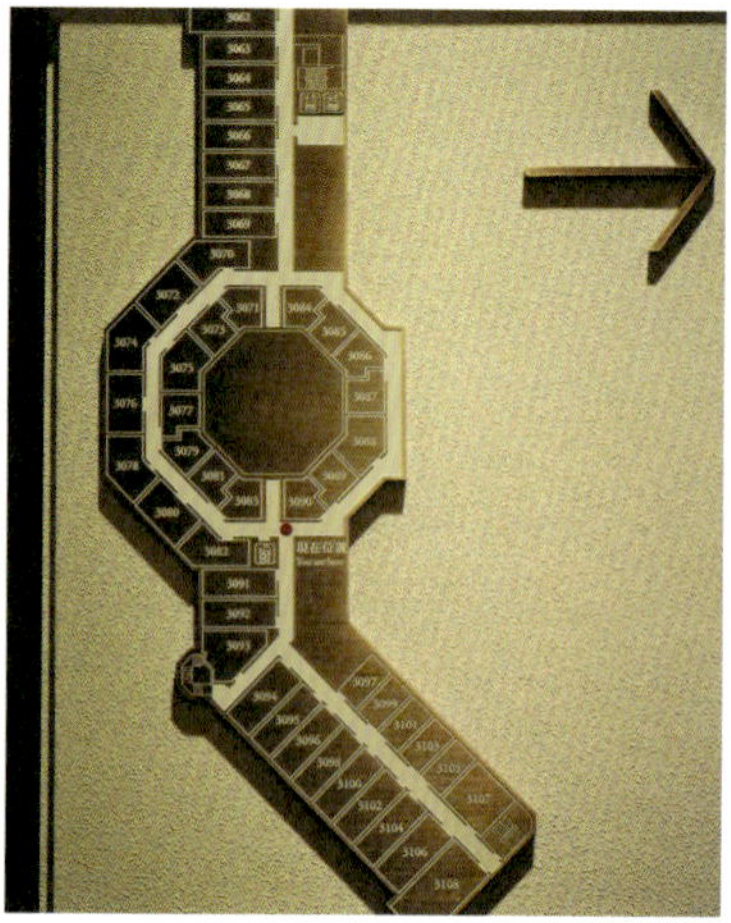

客室の形がおもしろい

松杭の展示

が、このうち地下1階の4店舗はまるで隠れ家だ。駅舎の下にこんなに静かなところがあったのか、という場所。B1Fなのだが、JRのグランスタや地下鉄丸ノ内線、JPタワーなどには繋がっていない。

駅舎の地下は復原工事で免震装置が入るまでは約1万1千本の松杭が支えており、関東大震災にも空襲にも耐え抜いてきた。この松杭を記憶に留めるためにここにはひっそりと松杭が展示されている。

また、同フロアにはフィットネス&スパもある。こちらは会員制だが、宿泊客はビジターとしての利用ができる。あの赤レンガ駅舎の真下で大きな浴槽に浸かる、とは驚きだ。

フロントでは、「日本クラシックホテルの会」

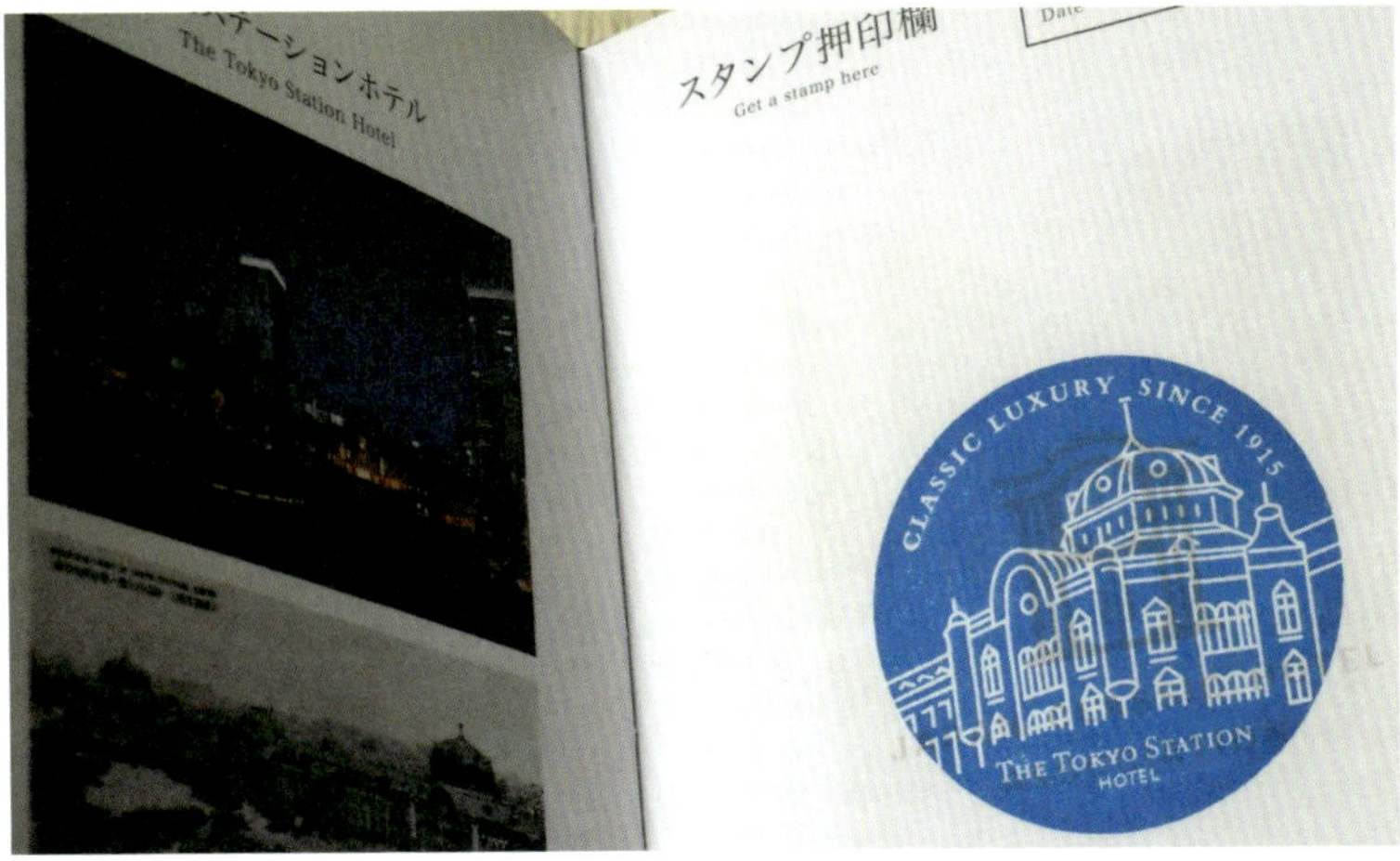

のパスポートを購入してみよう。この会は、戦前に建てられて、その建物を維持、文化財や産業遺産などの認定を受けているなどの条件を満たした9つのホテルで構成されていて(関東では、ホテルニューグランド、富士屋ホテル、日光金谷ホテル。関西では、辰野金吾設計の奈良ホテルも入っている)、スタンプを集めるとランチ券や宿泊券がプレゼントされる。……とはいっても、宿泊しないと押してもらえないスタンプはハードルが高く、自分で押すスタンプではないので希少価値もありそう!

さあ、宿泊して「玉手箱」を探検してみよう!

物語22

3093号室

東京ステーションホテルの客室は、全部で150室。

正面皇居側に面したパレスサイドは81室、ドーム内のレリーフや改札口が見えるドームサイドは28室で、どちらも東京駅ならではの景色が楽しめる。

メゾネット（＝2階建ての客室）タイプは9室あり、内2室のメゾネットスイートからは行き交う列車が眺められる。

松本清張の「点と線」のトリックに代表されるように、以前は東海道線ホームに停車中の列車を見渡せる部屋（現在の2033号室）があったが、中央線が高架化されて以降、この眺めは見ることができない。

メゾネットスイートの2部屋とは、丸の内駅舎最南端部分の3108号室と、このホテルで唯一丸窓からの絶景が堪能できる3093号室である。

丸窓が特徴的な3093号室の塔

丸窓のアーチから赤レンガ越しに、丸の内のビル街を望む。

3093号室は駅前広場完成記念式典の時、両陛下が式典会場「鳳凰」に向かわれるまでの間のお控室であった。ちなみに、お時間にドアをノックされたのは安倍総理だったという。

眼前はJPタワー。1931（昭和6）年に竣工した東京中央郵便局は、昭和初期のモダニズム建築を代表する建物。

緑鮮やかな皇居の森が奥深く広がる。遠くに霞むのは半蔵門方面のビル群。

ベッドサイドの丸窓から望む山手線内回り電車。背景は八重洲側のビル群。E231系の山手線は2020年春にはすべて新型のE235系に置き換えられるという。

物語23

新永間市街線高架橋

こちらも3093号室、丸窓からの一枚。

ホテル南端の角塔はもう一つのメゾネットスイート3108号室にあたり、この窓まわりの銅製飾り4個は唐津の長野鈑金加工で製作、現場での取付け工事も行ったと以前、長野社長から伺ったことがある。眼前に見られて感慨深い。あいにくの天候だったが、雨どいの形状まで見ることができた。

線路を見ると高架になっていて、アーチ状のレンガで支えていることがわかる。この一帯は、はとバスの発着場となり、高架下は案内所や待合室として利用されている。

その高架、正式には「新永間市街線高架橋」という。ちょっと聞き慣れない名称だが、新永間とは、新銭座（現在の東新橋付近）と永楽町（現在の大手町付近）を結ぶという意だ。

それは1889（明治22）年に決定した東京市区改正設計において、中央停車場（東

京駅）とともに計画され、新橋と上野の間に高架鉄道を建設し、東海道本線と東北本線を直結するという一大鉄道計画だった。

ベルリン市街高架線建設を実現したフランツ・バルツァーが技術顧問として招聘されて、その市街線建設にあたった。バルツァーは１９０３（明治36）年ドイツに帰国するが、中央停車場の構内配置と駅舎のプランニングを残していった。

同年、中央停車場の設計を依頼された辰野金吾は和風駅舎のバルツァー案を酷評するが、通過式の構想は高く評価し、継承された。

一世紀を経た２０１５（平成27）年、上野東京ラインの開業はまさしくその実現である。

東京駅は一見、重層化された中央線だけが高架線のように思えるが、こうして見ると実は地上のすべての路線が高架になっていることがわかる。

２０１０（平成22）年、新永間市街線高架橋は土木学会の選奨土木遺産に認定された。このプレートは丸の内駅舎南端の先、高架橋部分に取り付けられており、東京ステーションホテル従業員入口あたりから望遠レンズで文字を読みとることができる。

土木學會選奨土木遺産
2010
新永間市街線高架橋

HATO BUS
HATO

物語24

東京駅に入り放題！

「東京駅」と堂々大きな文字で、アンダーライン付き。そして、普通の定期券では見られない「駅」の表記もあってカッコいい。

左上には「定期入場券」と記されていて、これはレアなシロモノだ。いったい、ひと月で何枚くらい売れるのだろうか。

「発売時刻から2時間以内有効」の制限も当然（?）ないので1か月間好きなだけ入り放題、JR東海の東海道新幹線ホームにも入れる。「乗り放題」の切符は嬉しいが、「入り放題」の入場券が嬉しいのは私くらいだろうか（笑）。

通常の定期券と違うのは、

2019.10.1からは3950円になった

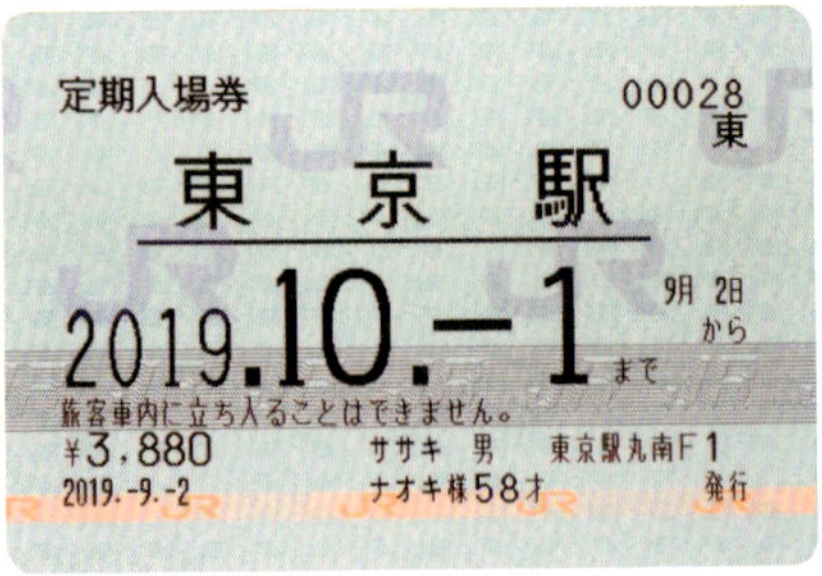

1．有効期間は1か月のみ（3か月・6か月はない）
2．磁気券のみ（窓口でしか購入ができず、suicaの定期入場券はない）
3．使用開始当日の発行のみ（事前購入はできず、発行当日から有効になる）
4．発売される駅が限られている
しかし、3950円とは、どういう計算なのだろう。普通入場券は140円なので、ひと月に29回も入らないと（140円×29回＝4060円）元が取れない。

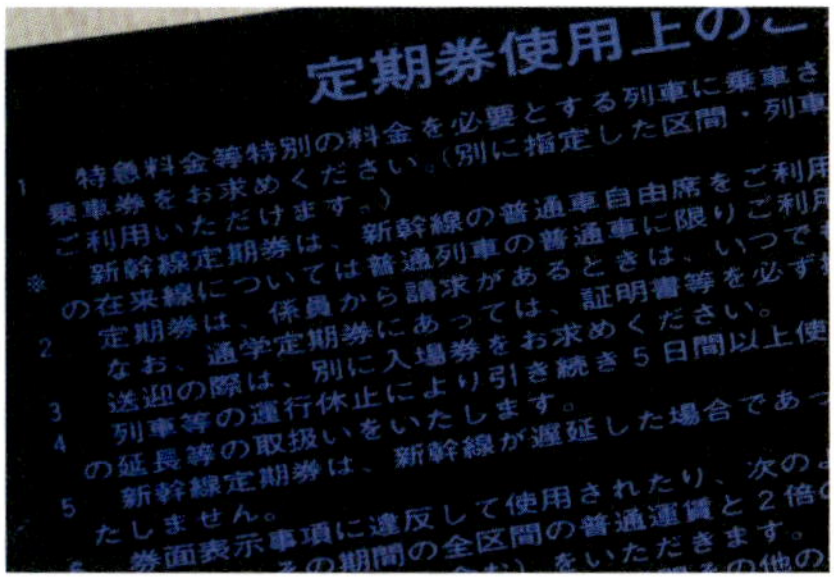

一般に、定期入場券は自由通路や踏切が近くになくて、改札内を通らないと反対側に回るのが大変な駅（中央線の高尾駅など）で発行されるので、その場合は駅ナカを行きと帰りに通行することになるから29回÷2で14・5日分の料金ということかな。

そして、定期入場券の裏を見てビックリ!?

定期券使用上のご注意「3送迎の際は、別に入場券をお求めください」……って、私がここに持っているのは「入場券」なんですけど。

物語25

夜行列車に思う

今や絶滅危惧種となってしまった夜行列車、寝台列車。

私が小学生の時に東京駅に興味を持ったのは、夕刻から次々発車するブルートレインへの憧れからであった。ＥＦ６５型電気機関車がヘッドマークを掲げ、食堂車付きの長い客車をけん引し１０００キロを疾駆するという、子供心にそのカッコよさとともに垢抜けたイメージの東京駅があった。

１８７２（明治５）年、初めての鉄道が新橋〜横浜間を走った時はもちろん夜行列車はないが、東京駅開業より14年も前の１９００（明治33）年には、山陽鉄道で日本初の寝台車が登場している。

ということは、辰野金吾は１９０５（明治38）年に「辰野片岡建築設計事務所」を大阪に構えており、関西や九州方面の多くの建築に携わっていたので、当時の夜行列車や寝台車にも乗っていたのだろうか。

寝台の文字が2つも並ぶ

今からちょうど10年前、2009（平成21）年3月に東京駅を発着するブルートレインは廃止されてしまった。その後、歌詞にもなった「上野発の夜行列車」も消滅、新宿駅からのムーンライト信州も2018（平成30）年12月を最後に運転されていない。

日本で唯一となった定期夜行寝台列車「サンライズエクスプレス瀬戸・出雲」は、毎日22時ちょうどに東京駅を出発する。

「サンライズ瀬戸」は、JR4社をまたがって走る唯一の列車。「サンライズ出雲」は、1都2府

人気のサンライズエクスプレス／2019年8月9日

9県にまたがって950余キロを12時間かけて走る在来線の日本最長列車である。

2019（令和元）年8月9日、東京駅から3本の夜行列車が運転された。定期の「サンライズ瀬戸」は琴平まで延長運転、臨時の「サンライズ出雲91号」は東京駅22時21分発で、この日は予備の1編成も使ってのフル稼働だ。

また、青春18きっぷ愛好者御用達の「ムーンライトながら」は、この夏はわずか17日間の運転。往年の「大垣夜行」は辛うじて健在といったところだろうか。

折しも欧州では夜行列車が復活、というニュースが飛び込んできた。JR西日本も2020（令和2）年春から「WEST EXPRESS銀河」の運行を始めるという。

東京駅に夜行列車の賑わいが戻ってくることを願って。

ムーンライトながらも満席／2019年8月9日

物語26

開業100周年記念列車

2014（平成26）年12月19日、「東京駅開業100周年記念列車」が運転された。

東京駅を発着する最後のブルートレイン「富士・はやぶさ」が運転を終えてから5年の歳月が流れていた。

私の鉄ちゃんの原点

私は1972（昭和47）年7月、小学6年生の夏に東京駅の10番線ホームで「はやぶさ」のヘッドマークを付けたEF65 501電気機関車を撮影している。

ブルトレのけん引は1985（昭和60）年にEF66に譲ったが、EF65 501号機は「栄光の機関車」として高崎車両センターで余生を送っていた。時折、イベント列車の任にあたることはあったが、今回は「東京駅発の記念列車」けん引機関車

JR

に抜擢された。

そして、客車。すでに東京口のブルトレは廃止されていたものの、上野口で「北斗星」が走っていたため、尾久車両センターから予備の寝台客車24系を6両借りることができた。

さらに驚いたのは、東京口のブルトレ華やかなりし頃を再現するため、ヘッドマークは当時使用していた「本物」を鉄道博物館から借り入れた、というこだわり。

なぜ、せっかくの寝台客車なのに伊東行なのか。それは東京駅から東海道本線を下ってＪＲ東日本の最遠地だということ、ＪＲ東海には電気機関車の

運転士がいないこと、などの理由があったそうだが、東京駅開業100周年を記念するに相応しい編成となった。

14時ちょうど発の9003列車「富士」は、丸の内駅舎をバックに発車するシーンを俯瞰（139ページの写真で後ろに、山手線内回りの東京駅100周年ラッピング電車が来てビックリ）。追っかけは新幹線こだまで先回りをして、根府川駅通過も捉えることができた。根府川はブルトレの撮影で、何度も通った懐かしい場所。記念列車は汽笛も高らかに、花道を堂々駆け抜けていった。

物語27

辰野金吾に見せたい東京駅 5つのあれこれ

近年の東京駅、そしてその界隈は目を見張るような進化、発展を遂げている。没後の東京駅の様子が気になって仕方がないであろう、天国の辰野先生へ。

❶「富士山と東京タワー」

東京はビルが林立している。大手町にはこれから日本一の高さのビルも建つという。

そんな隙間、写真左の中ほどに丸の内駅舎の特徴あるド

ームと南側の屋根部分が光って見えた。その真上、左端のビルの上から頭を突き出しているのが東京タワー。上空を右に目を転ずると、冠雪した富士山が。

折しも、東京駅からはオレンジの中央線が発車したところだ。

ちなみに辰野金吾は1919（大正8）年3月25日に没しているが、なんと同年の3月1日に万世橋〜東京間が開通して中央線の起点が東京駅になったという。

東京駅
Tokyo Statio

❷「八重洲口 グランルーフ」

1914（大正3）年の東京駅開業時、丸の内一帯は三菱が原だった。日本橋や銀座の街が栄えていたのに東京駅は丸の内側しか改札口がなかった。丸の内口も南口は乗車専用、北口は降車専用と分離されていて利用客は不便を強いられていたという。中央が皇室用玄関なので「天皇の駅」といわれる所以であるが、辰野の没後10年を経た1929（昭和4）年にようやく八重洲口が開設された。

東海道新幹線が八重洲側に開業してからは、地下商店街や大丸百貨店も発展して2013（平成25）年にはノースタワーとサウスタワーを結ぶグランルーフが完成。「歴史の丸の内」に対して「先進の八重洲」。東京駅のもう一つの顔だ。

❸「カルトゥーシュ」

丸の内駅舎 南ウィングの線路側に一か所だけ、擬石の飾り「カルトゥーシュ」がある。

今回の復原工事でも当時の図面から試作を重ね、苦労して取り付けたという。新幹線の20番線ホーム南端からは正面に望めるが、手前に架線があって見るのは一苦労だ。

この一枚は偶然、八重洲側のビルからグランルーフの屋根越しに超望遠レンズで捉えることができた（写真右下に見える石の飾り）。

辰野建築では日本銀行旧小樽支店で建物まわりにいくつものカルトゥーシュのような飾りを見たのが印象的だったが、東京駅ではなぜ一つなのか？ なぜ、裏側の位置なのか？ 巻いた飾り帯をここで結んでいる、という意味で捉えるとなるほどである。

❹「保存でも復原でもない部分」

丸の内駅舎保存・復原工事もたけなわの2011(平成23)年5月に撮影した一枚。駅舎は国の重要文化財のため、基本的には創建時の部材をそのまま使う(保存)か、当時の図面に忠実に従って工法や材料までこだわって復原する、という原則で工事は進められた。

実は大きな丸の内駅舎の中で半分のスペースを占めるのが東京ステーションホテル。宿泊者の朝食ラウンジとして広大な空間が必要となり選ばれたのが、この屋根裏にあたる場所だった。写真の、中央線ホーム面している裏側部分は保存・復原の対象

とせず、格子状の明かり取りの天窓としたのは、素晴らしいアイデア。

そしてこの中央屋根の正面側には、石巻の佐々木信平さん（物語20に既出）が葺いた雄勝の玄昌石スレートと、唐津の長野修三さん（物語16に既出）の手の形の銅板飾りが輝いている。もちろんこちらは忠実な復原工事である。

「東京駅の扉」の正面から見上げても、屋根裏がこうして活用されているとは気づかない。

❺「プロジェクションマッピング」

「俺の建てた東京駅に何をする！」

と辰野「堅固」なら、怒鳴っていたかもしれない。

2012（平成24）年9月、丸の内駅舎の保存・復原工事完成を記念して「TOKYO STATION VISION」が開催された。駅舎中央部分（高さ30メートル×幅120メートル）そのものを巨大スクリーンとして映像を投影する「プロジェクションマッピング」。

丸の内駅舎に文字が、絵が、次々に浮かび上がり、動いては変わっていく。リズミ

カルな曲が大音響で周囲のビルに響き渡り、駅自体が輝き、踊っているようだった。
言葉では表現し尽せない前代未聞の東京駅でのイベント。
最先端の映像技術を公共の場所（駅）に投影したことで一躍注目を浴び、駅と周辺は大混雑。万全の態勢を敷いて12月のクリスマスシーズンにも企画したが、予想をはるかに超える観客が訪れ、途中で中止になってしまった。
辰野金吾は天からこの東京駅の賑わいを見て、驚くやら嬉しいやら。

物語28

走る！　踊る！　躍動する東京駅

東京駅は、丸の内駅舎保存・復原工事が完了し、開業100周年を迎え、駅前広場も完成。

さらに、たくさんの人々が集まる場所になってきた。そんな中でいくつか。

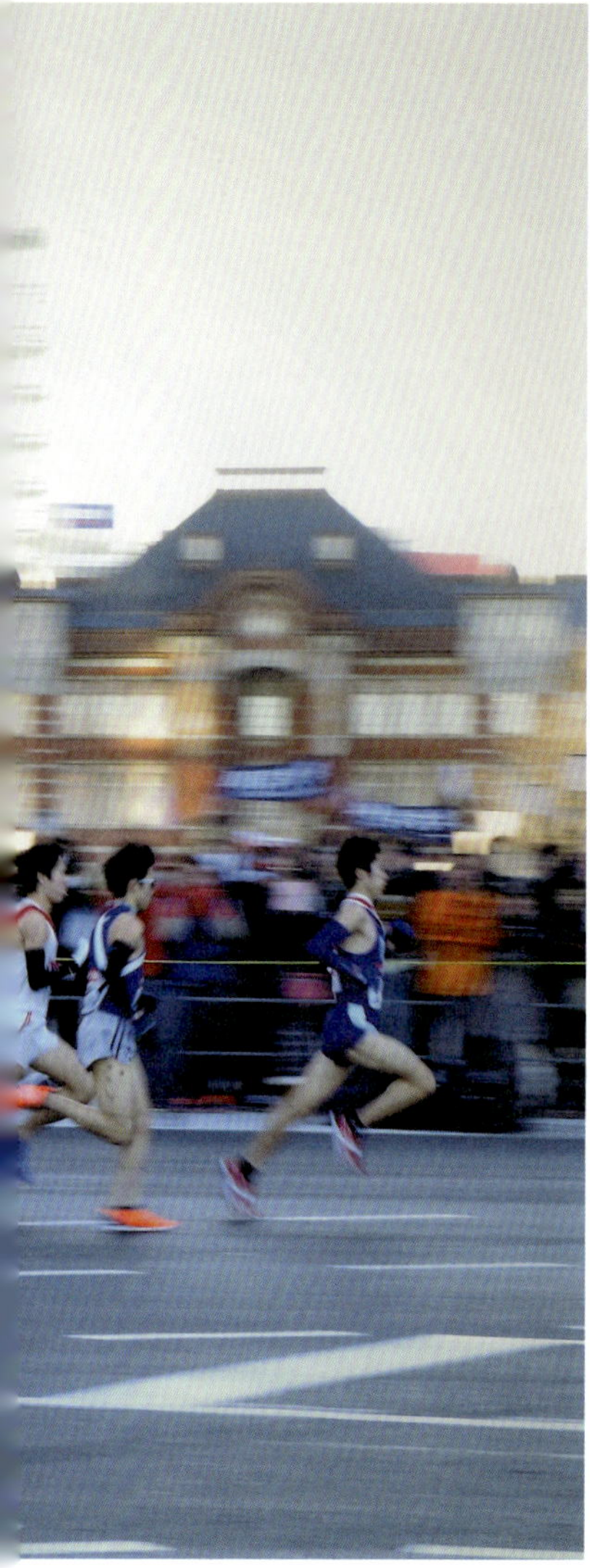

〈走る！〉

●箱根駅伝

1920（大正9）年に始まった伝統の箱根駅伝。スタート直後、応援の太鼓やブラスバンドが鳴り響く中、ランナーが一団となって走り抜けていく。

●東京マラソン

2007（平成19）年に始まった東京マラソン。2017（平成29）年から東京駅前の行幸通りがゴール地点になった。大勢のランナーが豆粒のように見えるが、皇居越しにはスタート地点の新宿、東京都庁舎が見える。

●人力車

大正から昭和初期には客待ちの人力車が降車口（丸の内北口）に集まっていたという。今は大手町のホテル アマン東京に人力車1台が常駐しているので運がよければ東京駅周辺で見られることも。

●打ち水

2018（平成30）年の夏に始まった打ち水システム。5ミリの深さ（浅さ？）に水が張られ、駅前で子供たちが寝転んだりはしゃぎまわる姿には、辰野金吾もビックリ!?

〈踊る！〉

●獅子舞

新年1月2日に東京駅構内を巡る獅子舞。初売りや福袋も嬉しいGRANSTA鉄道会館のイベントで、駅ナカから駅舎前までがお正月ムードに包まれる。

●盆踊り

行幸通りでは、毎年7月下旬の金曜日に「丸の内盆踊り」が開催される。夕刻の打ち水に始まり、縁日の屋台も楽しみ。ビル街に響き渡る東京音頭。

♬花の都の真ん中で〜♬

そして、「東京2020オリンピック」。駅前には大きなカウントダウンクロックが設置されて、ますます注目の東京駅に。

OMEGA
363
23 38 00

物語29

江戸城に想う

皇居は、その昔「江戸城」であった。

辰野金吾が生まれたのは江戸時代末期の1854（嘉永7）年。東京駅は辰野が還暦の1914（大正3）年に完成している。

江戸の世から現代に至るまでは遥かな時の隔たりを感じるが、江戸城から東京駅までの実際の距離は思いのほか近く、丸の内駅舎に向かっては緩い下り坂になっている。

「櫓（やぐら）」
明暦の大火（1657年）で焼失した天守閣の代用となったのが、この富士見櫓。高さは約16メートル。

「門」
坂下門からは丸の内駅舎屋根の一部分が遠くに望める。

「濠(ほり)」
蛤濠(はまぐりぼり)の松の樹々の間に、東京駅正面中央部分が顔を覗かせた。

物語30

歴代東京駅長

東京駅「梅の間」には歴代の東京駅長の写真が額装され、掲げられている。100余年の東京駅を守り抜き、繋いできた24代に渡る駅長たち。現在は第25代を小池邦彦駅長が務めている。

初代＝高橋善一　大正3年12月20日～大正12年3月11日

1914（大正3）年12月20日　東京駅開業。東海道本線の起点となる

1921（大正10）年11月4日　乗車口で内閣総理大臣原敬が暗殺される

2代＝吉田十一　大正12年3月12日～昭和6年6月30日

1926（大正15）年8月10日　東京駅前に行幸道路完成

1930（昭和5）年11月14日　第4ホームにて内閣総理大臣の浜口雄幸が狙撃される

3代＝大角 鉞　昭和6年7月1日～昭和8年3月12日

1931（昭和6）年12月25日　乗車口前に東京中央郵便局局舎竣工

1932（昭和7）年4月1日　鉄道弘済会 駅内5か所に売店を開業

4代＝堀尾利信　昭和8年3月13日～昭和11年3月17日

1933（昭和8）年9月15日　中央線、東京～中野間に急行電車の運転開始

1933（昭和8）年10月31日　精養軒経営のステーションホテルが、直営の東京鉄道ホテルになる。

5代＝天野辰太郎　昭和11年3月18日～昭和23年12月24日

1945（昭和20）年5月25日　空襲により丸の内駅舎、ホーム上屋などを焼失

1947（昭和22）年5月1日　R．T．O．待合室、事務室竣工。石膏レリーフ設置

6代＝加藤源蔵　昭和23年12月25日～昭和27年2月19日

1949（昭和24）年6月1日　日本国有鉄道発足

1950（昭和25）年4月1日　東京～沼津間に湘南電車運転開始

7代＝中村 眞　昭和27年2月20日～昭和32年2月22日

1952（昭和27）年10月14日　作家・内田百閒を1日駅長に委嘱

1956（昭和31）年7月20日　営団地下鉄丸ノ内線 淡路町～東京間開通

8代＝杉山吉太郎　昭和32年2月23日～昭和35年2月9日

1958（昭和33）年4月　東京駅の高層化計画（丸の内駅舎を取り壊し）を発表

1958（昭和33）年10月1日　寝台特急「はやぶさ」が運転開始。「あさかぜ」20系客車に。11月、ビジネス特急「こだま」が運転開始

9代＝大橋猛敏　昭和35年2月10日～昭和40年2月9日

1960（昭和35）年7月1日　列車等級の1等を廃止、2・3等→1・2等に格上げ

1964（昭和39）年10月1日　東海道新幹線開業（超特急「ひかり」14往復、当初は東京～新大阪は4時間。特急「こだま」16往復）

10代＝武藏壽雄　昭和40年2月10日～昭和43年2月9日

1965（昭和40）年10月1日　荷物列車の発着を汐留に移管。「みどりの窓口」開設

1967（昭和42）年7月3日　中央線に特別快速電車運転開始

11代＝小宮山庄三　昭和43年２月10日～昭和46年２月９日

１９６９（昭和44）年５月10日　東京駅旅行センター開設

１９７０（昭和45）年10月　蒸気機関車のさよなら運転を東京～横浜港間で実施

12代＝渡邊三男　昭和46年２月10日～昭和49年２月８日

１９７２（昭和47）年７月15日　総武本線東京地下駅開業。総武本線の起点となる

１９７２（昭和47）年10月14日　国鉄本社（東京駅前）で、鉄道開業１００周年記念式典開催。昭和天皇・香淳皇后臨席

13代＝岩渕繁雄　昭和49年２月９日～昭和51年２月９日

１９７４（昭和49）年３月12日　東京海上ビル竣工（丸の内地区初の超高層ビル）

１９７５（昭和50）年３月10日　山陽新幹線 岡山～博多間が開業し、全通

14代＝石澤健吾　昭和51年２月10日～昭和54年３月９日

１９７７（昭和52）年３月16日　東京都知事と国鉄総裁が会談。丸の内駅舎の建替えについて言及

１９７８（昭和53）年10月２日　東京駅発着の鉄道郵便列車全廃

15代＝水島昌一　昭和54年３月10日～昭和57年３月31日

1980（昭和55）年10月1日　東京地下駅に横須賀線が乗り入れ、総武快速線との直通運転を開始

1981（昭和56）年10月1日　特急「踊り子」（東京〜伊豆急下田・修善寺）運転開始

16代＝百瀬 茂　昭和57年4月1日〜昭和61年2月13日

1982（昭和57）年6月23日　東北新幹線 大宮〜盛岡間開業。11月、上越新幹線大宮〜新潟間開業

1985（昭和60）年3月14日　東北新幹線 上野〜大宮間開業

17代＝木下秀彰　昭和61年2月14日〜平成2年6月27日

1987（昭和62）年4月1日　国鉄分割民営化で、JRが発足

1988（昭和63）年4月1日　東京ステーションギャラリーがオープン

18代＝吉岡二朗　平成2年6月28日〜平成6年6月28日

1991（平成3）年6月20日　東北新幹線 東京〜上野間開業

1992（平成4）年7月1日　東京〜山形間に山形新幹線「つばさ」運転開始

19代＝小崎征三　平成6年6月29日〜平成10年6月25日

1997（平成9）年3月22日　東京〜秋田間に秋田新幹線「こまち」運転開始
1997（平成9）年10月1日　東京〜長野間に長野新幹線「あさま」運転開始

20代＝荻野芳典　平成10年6月26日〜平成13年6月26日

1999（平成11）年10月　東京都知事とJR東日本社長が会談。丸の内駅舎の保存について合意。

2001（平成13）年3月31日　東京駅最後の赤帽4名が業務を終える

21代＝関根　徹　平成13年6月27日〜平成18年6月22日

2003（平成15）年5月30日　丸の内駅舎が国の重要文化財に指定される
2006（平成18）年3月31日　東京ステーションホテル、東京ステーションギャラリー一時休業

22代＝岩崎伊佐雄　平成18年6月23日〜平成22年6月22日

2007（平成19）年5月30日　丸の内駅舎保存・復原工事着工
2007（平成19）年10月25日　エキナカ商業施設・グランスタがオープン

23代＝梅原康義　平成22年6月23日〜平成26年6月23日

2012（平成24）年9月4日　丸の内駅舎保存・復原工事竣工

２０１２（平成24）年10月３日　東京ステーションホテル
新装オープン

24代＝江藤尚志　平成26年６月24日～平成29年６月22日

２０１４（平成26）年12月20日　東京駅開業１００周年

２０１５（平成27）年３月14日　上野東京ライン、北陸新幹線開業

最後にエピソードをひとつ。江藤駅長は現職時から「梅の間」に自身の写真を飾っていたが、あるホテルの写真室で撮影したものだった。「俺も来月で異動だからさ、なんかこの写真は背景がなくて好きじゃないんだよね」と。さらに「あなたが選んだ場所で、撮ってくれないかな」と。

これ以上の名誉はない。

私は、「江藤駅長は以前、皇室用玄関から行幸通りを眺めた景色が一番好きだ。と仰っていましたね、ぜひその場所で撮影させてください」と懇願した。

私が撮影においてこれまでで最も緊張した一枚は今、東京駅の「梅の間」に飾られている。

物語31

辰野金吾先生、万歳！

辰野金吾は、生涯3つの建物を建てたかったのだという。

「日本銀行」「東京駅」、そして「国会議事堂」だ。

日本銀行本店は1896（明治29）年竣工で辰野43歳の時、東京駅は1914（大正3）年竣工で61歳の時にそれぞれ実現。国会議事堂は1919（大正8）年3月に辰野が亡くなる直前の2月、係るコンペの第一次審査が終了したところだった。

「日本銀行」と「東京駅」。どちらも現存・現役の建物で、国の重要文化財。まことに「あっぱれ」である。


辰野金吾は、生涯3回万歳をしたという。

まずは、「東京駅の建築が辰野に決まった時」

二つ目は、「日露戦争に勝利した時」（これで東京駅建築に予算がついて、弾みがつ

く、と)

そして三つめは、「自らの臨終の時」である。

長男辰野隆は父の追悼文に「実に彼は男なりき」と表しているが、死期を悟った辰野は、妻・秀子に体を起こさせて感謝の意を述べた後、集う人々の前で万歳を連呼したという。

辰野式建築の集大成といわれる、東京駅丸の内駅舎。

今日も駅は、辰野金吾を知らない大勢の人々で賑わっている。

天からその光景を見て、辰野は「天晴れじゃ」と4度目の万歳をしているに違いない。

私は、「東京駅の扉」の前で天を仰ぎ、応える。

「辰野金吾先生、万歳!」

東京駅の丸いドームは右に、
左には三菱一号館のレンガが冬の陽に輝いている。
東京駅開業当時、この丸の内一帯は
原っぱが広がっていたという。
三菱一号館は、辰野と同郷で
幼なじみの曾禰達蔵が携わり、
後にビル街を広げていった。

２０１４（平成26）年12月、
「東京駅開業１００周年記念列車」が
東海道本線を走った。
この一世紀で、駅は、鉄道は、街は、人は、
大きな進化を遂げてきた。
これからの１００年は、
いったいどんなふうに変わっていくのだろうか。

1914（大正3）年12月、
辰野金吾が東京駅開業式典の祝宴場で、
曾禰達蔵に語った言葉を最後に紹介したい。

「君は丸の内ビル街を造り、
俺は東京駅を造った。
お互い男子の面目、この上なしだな。
お互い青春の夢を追って上京し励まし合った。
どうやら夢は実現したな」

1919（大正8）年3月 辰野金吾先生 薨去。

辰野金吾没後100年の秋に——

東京駅フォトグラファー　佐々木直樹

日本で唯一の「東京駅フォトグラファー」

東京駅開業100周年からまもなく5年。私は写真を撮ることよりも、東京駅に関する書籍・資料を漁るように読んでいた。偉大なる東京駅に潜んだ数多の物語は記録をして、後世に伝えていかなければならない。誰もが知ってる東京駅なのに、誰も知らないことばかり。建物も歴史も鉄道にも専門家ではない私は、好奇心しかない。

この時代の東京駅に巡り合えた私は、運命か。

ここに東京駅に関わったすべての先達の仕事にあらゆる敬意を表し、感謝いたします。

辰野金吾先生に捧げたこの一冊は、100年後に東京駅とともに生きる皆さまにも、どうか届きますように。

東京駅の扉

辰野金吾没後100年に捧げる31の物語

発行日	令和元年11月11日 初版第一刷発行
著者	佐々木直樹
発行人	石井聖也
編集	藤森邦晃
営業	片村昇一
発行所	株式会社日本写真企画 〒104-0032 東京都中央区八丁堀3-25-10 JR八丁堀ビル6階 電話 03-3551-2643 FAX 03-3551-2370 https://www.photo-con.com/
デザイン	渡部 浩(セント・ギャラリー)
印刷・製本	株式会社誠晃印刷

佐々木《ささき》直樹《なおき》

辰野金吾先生の隣で

東京駅
~ 赤レンガの
丸の内駅舎 ~
価格
1,900円(税抜)

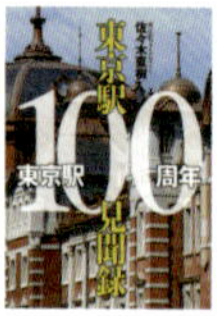

東京駅100周年
東京駅100見聞録
価格
926円(税抜)

ISBN978-4-86562-100-6